奢侈品

（修订典藏版）

苏 易/编著

辽宁美术出版社

图书在版编目（CIP）数据

奢侈品：修订典藏版 / 苏易编著. — 沈阳：辽宁
美术出版社，2020.11
（世界高端文化珍藏图鉴大系）
ISBN 978-7-5314-8579-7

Ⅰ. ①奢… Ⅱ. ①苏… Ⅲ. ①消费品－世界－图集
Ⅳ. ①F76-64

中国版本图书馆CIP数据核字（2019）第271358号

出 版 者：辽宁美术出版社
地　　址：沈阳市和平区民族北街29号　邮编：110001
发 行 者：辽宁美术出版社
印 刷 者：北京市松源印刷有限公司
开　　本：787mm×1092mm　1/16
印　　张：18
字　　数：250千字
出版时间：2020年11月第1版
印刷时间：2020年11月第1次印刷
责任编辑：彭伟哲
封面设计：胡　艺
版式设计：文贤阁
责任校对：郝　刚
书　　号：ISBN 978-7-5314-8579-7
定　　价：128.00元

邮购部电话：024-83833008
E-mail:lnmscbs@163.com
http://www.lnmscbs.cn
图书如有印装质量问题请与出版部联系调换
出版部电话：024-23835227

奢侈是什么？

有人认为奢侈就是浪费，就是攀比，是这样吗？

时尚帝国香奈儿的创始人可可·香奈儿曾经说过："奢侈的对立面从来不是贫穷，而是庸俗。"这句听起来有些刻薄的话恰如其分地表明了这位时尚女王对于时尚的态度。奢侈品之所以成为奢侈品，其本质不在于其高昂的价格，而在于其本身是否凝结了某种与众不同、高贵优雅的精神内涵。

如果说购买奢侈品是浪费，那也是浪费在美好的事物上。如果说购买奢侈品是为了攀比，那攀比的也从来不只是财富地位，而是个人品位。真正的奢侈品是有灵魂的，它们虽然也是商品，它们的功能跟普通的商品并没有什么不同，但它们是艺术化了的商品。全球最大奢侈品集团 LVMH 集团的缔造者贝尔纳·阿尔诺就很明确地表示："我们只是满足了消费者很少的一部分实用功能，但是我们实现了他们的梦想。"贝尔纳·阿尔诺的话精辟地告诉了我们，奢侈品的艺术性可能体现在产品的设计上，也可能象征着一种生活方式，甚至可能代表了一个美丽的梦想。这就是为什么那些国际奢侈品牌可以跨越种族、跨越文化的各种差异而风靡全球，并且经久不衰。总之，奢侈品的艺术性让它们有别于普通商品，变成独一无二的存在。

在中国，奢侈品曾经离我们很遥远，但随着城市规模的扩大和人们消费水准的提高，我们不知不觉也走入了奢侈时代。穿过时光的隧道，一个个顶级的奢侈品牌脱颖而出，站在了时尚帝国的顶端。我们发现这些被人疯狂追捧的奢侈品牌几乎都有一些人们津津乐道的传奇故事，而且它们各自都有着独一无二的设计风格和品牌标志，还有一些经久不衰的经典作品。本书根据世界各大权威机构的排行榜数据，并结合中国市场及最新的时尚资讯，精选出八大门类的顶级奢侈品牌，以精练的文字叙述，配合美轮美奂的图片，将这些品牌的前世今生展现在读者面前。

无论你是普通的消费者还是时尚达人，或者是时尚行业的经营者，经由此书，你都可以从艺术的角度深刻体察品牌内蕴，而不流于盲目。愿你始终坚持高尚的品位，去追求美，去追求变得更美。

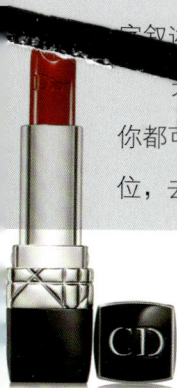

C O N T E N T S

目 录

Part6 奢华手表——钟情时刻

Part7 奢华名车——纵横天下

Part8 奢华名酒——品味人生

Part 1

奢华服装——绽放美丽

>>>> 奢华必须是舒适自在的，否则就是虚有其表。

香奈儿 *Chanel*

品牌档案 >>>>>

中文名：香奈儿

外文名：Chanel

创始人：加布里埃·香奈儿

创建时间：1910 年

品牌国家：法国

现任设计师：维吉妮·维娅

产品系列：高级女装、皮包、鞋子、配件、香水、化妆品、高级珠宝等。

品牌故事 >>>>>

可可·香奈儿原名加布里埃·香奈儿（Gabrielle Chanel），1883 年出生于法国。香奈儿因小时候母亲离世，父亲无情抛下她和另外四个兄弟姐妹独自离开而留下了悲惨的童年回忆。香奈儿在修女院学校度过了少女时代，并在那里学得一手针线技巧。18 岁时她离开修女院，之后几年打过各种零工，其中有一段在歌厅和咖啡馆唱歌的生涯，据说这也是她"可可·香奈儿"一名的由来。

1914 年，影响深远的时装品牌香奈儿正式诞生。

香奈儿生命中的异性恋人都成了激发她创意的源泉，但她的一生从未拥有过神圣的婚姻。香奈儿从 1930 年到去世，都孤独地住在巴黎的里兹酒店顶楼。

　　可可·香奈儿一生在时装设计品牌上敢于挑战传统、引领潮流。她设计的款式简洁的女帽，在 20 世纪初终结了女帽蓬大、厚重的传统。她在女装设计中借鉴男装款式，如将单件西装外套（Blazer）加入女装系列中，以改变女装过分艳丽的绮靡风尚。又在女性普遍穿裙子的 20 世纪 20 年代推出女装裤子。她设计的黑色小洋装，打破了当年黑衣服只能当丧服的陈规。

香奈儿留下的著名设计还包括：斜纹软呢、露膝裙、喇叭裤等。

1971年，88岁的可可·香奈儿去世。1983年起由天才设计师卡尔·拉格斐尔德（Karl Lalgerfeld）接班。总是戴着墨镜、扎着马尾辫的卡尔·拉格斐尔德被称为"时装界的恺撒大帝"。卡尔·拉格斐尔德最为人所称道之处正是他与可可·香奈儿一样，充满才华却又流着离经叛道的血液。他的设计延续着品牌一贯的细致、奢华，永远领导潮流的香奈儿风格。

品牌风格 ▶▶▶▶

　　CHANEL 将男装阳刚飒爽的设计风格移植到女装设计上，巧妙地将女性的中性美开发出来。之后的设计师卡尔·拉格斐尔德更是喜好将不同材质的面料混合搭配，设计出款式极为优雅的时装和手袋，其中以斜纹软呢与铜饰的搭配最为著名。

品牌标识

（1）双C：在香奈儿服装的扣子或皮件的扣环上，可以很容易发现将可可·香奈儿的双C交叠设计出来的标识，更是让香奈儿迷们为之疯狂的"精神象征"。

（2）菱形格纹：从第一代香奈儿皮件越来越受喜爱之后，其立体的菱形格纹也逐渐成为香奈儿的标志之一，不断被运用在香奈儿新款的服装和皮件上，后来还被运用到手表的设计上。

（3）山茶花：可可·香奈儿对山茶花情有独钟，现对于全世界而言，山茶花已经等于是香奈儿王国的"国花"。不论是春夏或是秋冬，它除了被设计成各种材质的山茶花饰品之外，更经常被运用于服装的布料图案上。

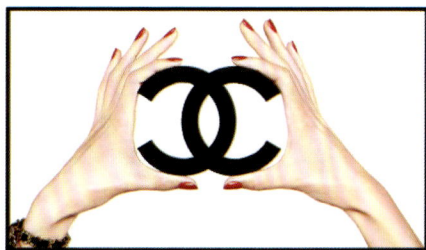

经典作品 ▶▶▶▶

　　香奈儿经典小黑裙风靡时尚圈近百年，似乎已成为 chanel 的灵魂所在。"我常说黑色包容一切，白色亦然。它们的美无懈可击，绝对和谐。在舞会上，身穿黑色或白色服装的女子永远都是焦点。"在 20 世纪，香奈儿女士摒弃了当时花花绿绿、繁复累赘的流行女装，不断在面料、设计细节与制作技巧上求新求变，为上流社会仕女创作出简洁而奢华的小黑裙，成功地塑造了亦刚亦柔的独特女性气质。直到今天，香奈儿的小黑裙依然是全球女性梦寐以求的选择。

克里斯汀·迪奥

Christian Dior

中文名：克里斯汀·迪奥

外文名：Christian Dior

创始人：克里斯汀·迪奥

创建时间：1946 年

品牌国家：法国

现任设计师：玛丽亚·嘉茜娅·蔻丽

产品系列：女装、男装、皮草、内衣等。

品牌故事 ▶▶▶▶

1946 年，克里斯汀·迪奥在巴黎著名的高级时装街蒙田大道（Avenue Montaigne）开设了 Christian Dior 服装店。"Dior"在法文中是"上帝"和"金子"的组合，这一品牌也正如它的名字一样，成了高贵与奢华的代名词。金色后来也成了 Dior 品牌最常见的代表色。

克里斯汀·迪奥是个非凡人物。1947 年，他推出第一个时装系列"New Look"（新风貌），它像旋风般席卷了巴黎以至整个欧美时尚界，成为 20 世纪最轰动的时装革命。"New Look"并非字面上"新风貌"的浅薄含义，而是暗喻了时尚的革新。第二次世界大战后，女性的穿着带着明显的战争痕迹，军装化的平肩裙装笨拙而呆板。"New Look"的收腰外套和宽身长裙，肩线柔和，袖型纤瘦，以束腰勾勒出女性的妙曼曲线。Dior 的设计同时也打破了战前风靡一时的 CHANEL 式时装。那半遮脸的宽边帽及沙沙作响的大摆长裙，让人们追忆到更古典的时代。"New Look"重建了战后女性的美感。

"New Look"的成功让 Dior 一举成名。接着，不对称裙子、垂直型服装、O 型、A 型、Y 型、H 型、郁金香型、箭型……一系列独具匠心的设计，让 Dior 始终走在时尚的最前沿。

Christian Dior 的男装系列——Dior Homme，选用偏瘦的男模特儿展示洗练冷峻的风格，超窄版瘦削的剪裁，成为许多时尚男士的钟爱。

1957 年，克里斯汀·迪奥在意大利因突发心脏病去世，之后的 Dior 由多位优秀设计师相继接棒设计，在他们的打造下，Dior 延续着它的时尚传奇。时至今日，Dior 仍是人们信赖、追求的品牌。

品牌风格 ▶▶▶

Dior 以美丽、优雅为设计理念，采用精致、简单的剪裁，以品牌为旗帜，以法国式的高雅和品位为准则，坚持华贵、优质的品牌路线，迎合上流社会成熟女性的审美品位。Dior 时装注重女性造型线条而非色彩，具有鲜明的风格；强调女性隆胸丰臀、腰肢纤细、肩形柔美的曲线。它的晚装豪华、奢侈，在传说和创意、古典和现代、硬朗和柔和中寻求统一。

品牌标识 ▶▶▶

（1）衣标上"Christian Dior Paris"是最好的辨识方法。此外，Dior 会在一些超高端服饰系列的衣标条码下加上极细的红线，据说这是 Dior 的独创。

（2）经典钻石格纹。Dior 专用的钻石格纹较少出现在服装上，多用于皮具设计中。

（3）"CD"字母缩写。常出现在 Dior 的配件上，如眼镜镜架侧面，扣环、皮带、皮夹上。

（4）以"DIOR"四个字母组成的钥匙圈。它曾是"Lady Dior"皮包最明显的标志，如今也成为 Dior 品牌的一个明显记号。

经典作品 ▶▶▶

克里斯汀·迪奥于1947年创造了"新风貌"系列，这在当时可谓革命性的创举。因为有了"New Look"，人们才将战争遗留在女性身上那保守警觉的呆板线条遗忘。也因为它，人们真正拥有了自由肆意的美丽姿态，仿佛在宣布：生活又开始了，美丽的新生活真的又开始了！"New Look"的肩线窄而柔美，为了突出胸部的丰满，细腰成为剪裁的重点。二战时期的直裙化作蓬起的长裙，离地面距离以20厘米为标准，并且以圆形帽子、长手套、肤色丝袜与细跟高跟鞋等营造出极纤美的女性气质。就像迪奥先生自己说的："我希望我设计出的女装更富造型与线条感，能够完全贴合女性凹凸有致的身形，展现女性曲线的时尚美感。"

乔治·阿玛尼

Giorgio Armani

品牌档案

中文名：乔治·阿玛尼

外文名：Giorgio Armani

创始人：乔治·阿玛尼

创建时间：1975 年

品牌国家：意大利

现任设计师：乔治·阿玛尼

产品系列：男装、女装、牛仔服、休闲服、香水等。

奢侈品

品牌故事 >>>>

Giorgio Armani 品牌时装在大众心中已超出其本身的意义，成为事业有成和现代生活方式的象征。

1934 年 7 月 11 日，乔治·阿玛尼出生于意大利的佩克赞。1970 年，乔治·阿玛尼与建筑师赛尔焦·加莱奥蒂合办公司，而后于 1975 年创建公司并注册了自己的商标。

Armani 时装王国的起步并非一帆风顺。创业初期，为筹集资金，乔治·阿玛尼不得不将自己的车子变卖，最终得到的资金也只不过一万美元。然而天道酬勤，他推出的第一个男装系列就赢得了普遍赞誉，其外套的特点是斜肩、窄领、大口袋。

乔治·阿玛尼最为人称道的革新是 20 世纪 80 年代初在女装上的成就。当时的服装界流行圣·洛朗式的女装原则，多为修身的窄细线条，而乔治·阿玛尼大胆地将传统男西服特点融入女装设计中，将其身线拓宽，创造出划时代的圆肩造型。加上无结构的运动衫、宽松的便装裤，给 20 世纪 80 年代的时装界吹来了一股轻松自然之风。被称为 "80 年代的香奈儿"。

20 世纪 90 年代，乔治·阿玛尼的创作更趋成熟，他认为浮华夸张已不再是今日潮流，即使是高级晚装也应保持含蓄内敛的矜持之美。优雅、简单，追求高品质而不炫耀，"看似简单，又包含无限"是乔治·阿玛尼赋予品牌的内涵。正是这样的内涵使他成为影响"极简主义"的重要人物。他的设计并不启发人们童话式的梦想，他追求的是自我价值的肯定和实现，他的服装给予女性的是自信，并使人深切地感受到自身的重要。

品牌风格 ▶▶▶▶

　　Armani 品牌风格既不潮流亦非传统，而是两者之间很好的结合。乔治·阿玛尼将别人优雅的穿着方式用他的方式重组，再创造出他自己的，这是属于 Armani 风格的优雅形态。Armani 的服装每件都是精品，具有广泛的可配套性，这使得单品组合成了它的又一风格特征。

（1）Giorgio Armani Boronuovo 是阿玛尼最贵的一个系列，着装正式，多为晚装，标志是服装布条上的"黑底白字"。

（2）Giorgio Armani Collezioni 较前一组便宜，布标是"白底黑字"，着重于职场正装。

（3）Emporio Armani 是较早开发的副牌，标识中间有一个老鹰图案。为防假冒，吊牌已换成激光防伪的，老鹰图案中央有字母。其他副牌布标颜色也多为"黑底白字"。

经典作品 ▶▶▶▶

对于 Armani 来说，似乎找不出绝对的经典，但事实又在宣布：Armani 的每一款都将成为经典。所以有这样一句话：当你不知道穿什么的时候，穿 Armani 就没错了。确实，Armani 的成衣秉承了其设计神韵，主线休闲，材料变化多端，时而加入皮毛，时而用上丝绒。如此就少了一份严肃，多了三分轻松雅致，什么场合都适合穿着。2008 年春夏的 Beyond 系列，就彰显了独特的风格，带来清新的曲线和剪裁，演绎与众不同的线条，却没有叛离 Armani 的一贯气质。质料飘柔的外套线条鲜明、肩膊笔挺、长度过臀，搭配硬身料裤子。同时，色调也扮演了柔化角色，令整体的剪裁曲线更优雅。乔治·阿玛尼最喜欢的简约主义再现眼前，连身裙、鞋履和配饰尽是自然色泽，塑造出极具美感的曲线，尽情凸显优美体态。或者说，极简的随意主义就是 Armani 的经典之作。

纪梵希 *Givenchy*

品牌档案 ▶▶▶▶

中文名：纪梵希

外文名：Givenchy

创始人：休伯特·德·纪梵希

创建时间：1952 年

品牌国家：法国

现任设计师：克莱尔·维特·凯勒

产品系列：男装、女装、运动装、体育用品、牛仔装、皮饰品、配件、香水等。

品牌故事 ▶▶▶▶

1952 年 2 月，休伯特·德·纪梵希开设了自己的时装屋。同年，以"19 世纪旅馆特色"为主题首度推出个人作品发布会。在这场以白色棉布为主，辅以典雅刺绣与华丽珠饰的时装展中，休伯特·德·纪梵希的创意才华令在场人士惊艳不已，同时也奠定了纪梵希这一品牌在时装界的高贵形象。

1953 年，纪梵希遇上了年轻的女演员奥黛丽·赫本，在他的巧手装扮下，赫本散发出优雅风韵，与此同时，赫本也成为纪梵希品牌的最佳代言人。除了奥黛丽·赫本，纪梵希还为许多社会名流专门设计服装，美国前总统夫人杰奎琳·肯尼迪、英国温莎公爵夫人、摩纳哥王妃格雷丝·凯丽、影星伊丽莎白·泰勒等都是纪梵希的常客。

20 世纪 50 年代，纪梵希率先推出高级女士轻便装。1955 年，他打出"自由线条"的口号推出了没有腰臀曲线的直筒式裙装，1958 年推出了漏斗式彩色外套，1967 年推出了信封式布袋装。凭借自己对于优雅品位的执着追求和与生俱来的时尚艺术天分，纪梵希为时尚舞台献上了一场场散发着法式浪漫气息的盛宴。

GIVENCHY

PARIS

1973年，纪梵希创立了他的男装王国，推出了纪梵希绅士男装系列，从此就和绅士画上了等号，为男士们增添了一份高贵。此后，纪梵希不仅在时装领域独树一帜，其出品的皮具、领带等配饰也十分受欢迎。

1988年，纪梵希公司成为法国LVMH集团中的一员，但纪梵希本人仍主理品牌时装的设计工作，直至1995年退休。1995年7月，68岁的休伯特·德·纪梵希举办了最后一次高级时装发布会，当他出现在T型台上时，全场响起了长时间的掌声，向这位伟大的时装设计师致敬。

品牌风格 ▶▶▶▶

精致高雅、古典愉悦、时尚简洁是Givenchy的最大特点，Givenchy品牌适应各个不同阶层、年龄的女性穿着。Givenchy注重剪裁技巧和线条表现，也十分注重面料的选择。一流的优质面料和广泛的色彩主题使纪梵希品牌成为法国传统的富丽精致风格的代表之一。

BIJOUX

GIVENCHY

品牌标识 ▶▶▶

黑体字的"GIVENCHY"字样和图案堪称 Givenchy 的金字招牌。纪梵希的品牌标识是 4 个"G"字母的变形组合，分别代表了该品牌在时装界无法逾越的四种标志：古典(Gneteel)、优雅(Grace)、愉悦(Gaiety)、纪梵希风格(Givenchy)。

经典作品 ▶▶▶

有人说要看 Givenchy 的经典作品，可以从奥黛丽·赫本身上反映出来。纪梵希与奥黛丽·赫本相识于 1953 年，原本单纯的主顾关系，因为相互欣赏彼此的才华而成为好朋友。随后四十年的时间里，纪梵希不但为奥黛丽·赫本设计日常衣饰，同时也负责打点奥黛丽·赫本在电影中所穿的服装，包括《罗马假日》《珠光宝气》《甜姐儿》《偷龙转凤》等。

蔻 依 *Chloé*

品牌档案 ▶▶▶

中文名：蔻依

外文名：Chloé

创始人：加比·阿格依奥、嘉克斯·勒努瓦

创建时间：1952 年

品牌国家：法国

现任设计师：拉姆齐·列维

产品系列：高级时装、皮具、毛皮服装、成衣、香水、眼镜及太阳镜、饰品等。

品牌故事 ▶▶▶

　　1952 年，Chloé 由加比·阿格依奥和嘉克斯·勒努瓦共同创立，其名称 Chloé 来自希腊古典名著《达夫尼斯与克罗埃》中的女主人公 Chloé（蔻依）。1956 年，加比·阿格依奥和她的合伙人嘉克斯·勒努瓦在塞纳河左岸的"花季咖啡"（Café de Flore）展出了她们的第一个设计系列，自此，蔻依不仅走出了"定制服装"的框架，同时也具有了贴身自然的穿着感，这在当时堪称独一无二。

　　自创立以来，Chloé 培养出许多知名设计师，带给人们一次又一次惊喜。它打破品牌风格划一的常规，在不同时期聘用各国著名设计师，以不同的风格和特色演绎品牌的传奇。自 1966 年起，

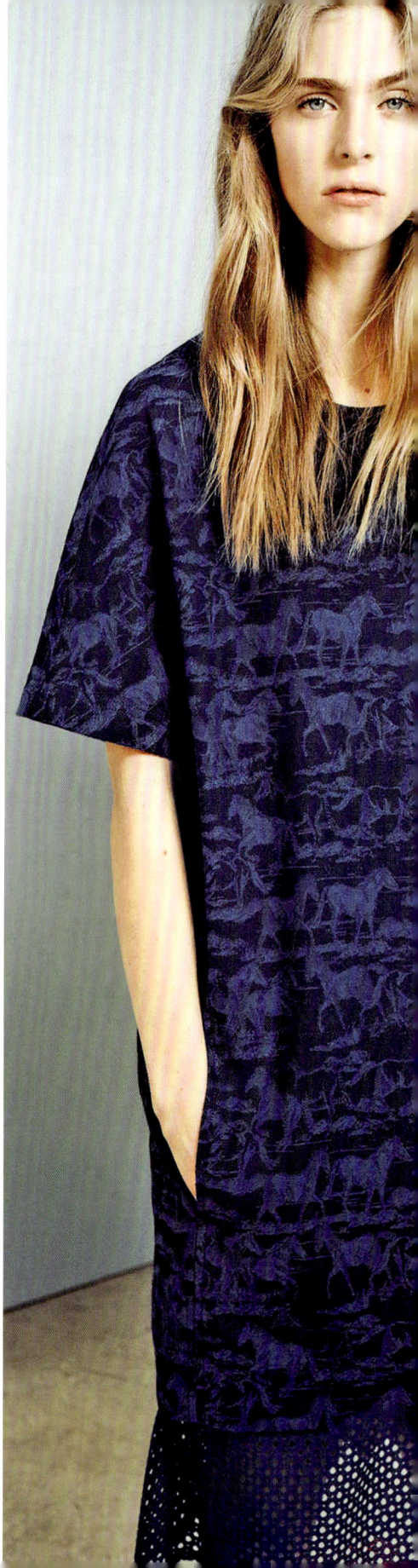

Chloé 在卡尔·拉格斐尔德的引领下成为 20 世纪 70 年代最流行的时尚品牌之一，其设计受到名媛、明星推崇。其真正的巨变则是在 1997 年，斯特拉·麦卡特尼的入主彻底改造了 Chloé。她好像天生就是众人瞩目的焦点，从传奇的老爸到身边的大堆换帖女伴，加上自身的天赋，使 Chloé 重新焕发青春活力。

作为创意总监，菲比·菲罗是一个时装标新立异者，她在打破传统的设计风格与商业实用价值中取得了平衡，推出崭新的商品系列，如配饰、泳装等，并精心发展价格平实的副线系列 See by Chloé。

英国女设计师汉娜·麦克吉本为 Chloé 工作了十年，从 2008 年起担任创意总监，留下了既有少女感觉又不乏洒脱大气的风格。

品牌风格 >>>>>

　　Chloé 的服装风格总是在古典与叛逆之间徘徊着。但是，设计师不论是在服装、鞋子还是配件上，都大量采用金属钉扣装饰，试图加入较多的"朋克风格"。而庞克鞋与蕾丝洋装冲突的组合，更能表现出一种英伦气质的叛逆。至于套装，色调与质感的对比则成为表现的重点。萤光色调的缎质衬衫搭配深色的毛料西装及长裤，在一明一暗、一清一浊之间，恰当地表现出穿着者独特而鲜明的个性。

品牌标识 ▶▶▶

每家专卖店统一的奔腾骏马标识；最畅销的皮具系列上的黄铜锁扣。

经典作品 ▶▶▶

米色系列是其经典作品之一。汉娜·麦克吉本标志式的米色系列包括骆驼色及燕麦色，配以秋叶及动物印花图案。这种色彩一经推出便大行其道，成为 Chloé 的经典之作。汉娜·麦克吉本更从男装衣饰中引入了一份悠然自得的态度，同时保留了女性的柔美。男装大衣及套装线条柔软优美，肩膀位缝制精密。以玩味手法把不同质感及布料有层次地构成信封式轮廓。用强烈对比手法把手工精巧的男装剪裁，配衬高级运动便服。而长且轻盈的平针织裙款则漫不经心地带出诱人美感，天鹅绒上的刺绣更是暗地里显露女性高级时装的美态。

DOLCE & GABBAN

杜嘉班纳

Dolce & Gabbana

品牌档案

中文名：杜嘉班纳

外文名：Dolce&Gabbana

创始人：多梅尼科·多尔奇、斯蒂芬诺·嘉班纳

创建年份：1985 年

品牌国家：意大利

现任设计师：多梅尼科·多尔奇、斯蒂芬诺·嘉班纳

产品系列：男装、女装、手袋、鞋子、配件、香水等。

　　杜嘉班纳品牌来自两位创造人的名字多梅尼科·多尔奇（Domenico Dolce）和斯蒂芬诺·嘉班纳（Stcfanc Gabbana）。1980 年他们同在米兰的一家时装店做设计助理，对巴洛克时期艺术的喜爱使他们走到了一起。1985 年，他们两人将名字合并在一起创立了杜嘉班纳品牌。此后，他们在米兰发表的第一场独立女性成衣秀大获成功。从此，杜嘉班纳以一种新的华丽冶艳的"意大利风"脱颖而出，享誉全球。

他们是设计界少见的双人组合，他们是分享生活、激荡创意 20 年的爱人。他们的设计灵感大多来自多梅尼科·多尔奇的出生地——西西里岛，其作品具有一种强烈的视觉感官震撼。他们狂野的设计被称为 "New Versace"（新范思哲），他们让一个年轻的意大利品牌成为今日的时尚风向标。20 多岁时，他们为时装设计梦而奋斗，20 年后这对恋人据称因为穿衣问题而分手。2005 年，多尔奇和嘉班纳的感情生活正式画上句号，但在生意上，他们仍如朋友一样。多尔奇说："我们的成功与性感和同性恋无关，我们只是重新定义了女人和男人。现代社会让男女的差别越来越大，我们所做的只是让两性发现自己内在的异性气质，并且加以表达。"可喜的是，他们在 2008 年又恢复了感情关系。

DOLCE & GABBANA

　　强烈的视觉感官震撼，大量使用红、黑等厚重的色彩，强调性感的曲线，弥漫着浓厚的意大利风情，是杜嘉班纳最典型的服装造型。

品牌标识 》》》

　　华美多变的意大利设计风格，
DOLCE&GABBANA 和 D&G 图标，"DG"
字母装饰，都是强有力的品牌标识。

　　被命名为"Alta Moda"的杜嘉班纳首个高级定制系列包含73款裙装，以西西里建筑为灵感，签名式的精致蕾丝、手工印花依旧是主打设计。值得一提的是，该系列的每一款裙装只允许生产1件，如果一条裙子有两个以上的顾客想要，只能"先到先得"。在这套系列的作品中，黑色蕾丝裙有着杜嘉班纳这几年成衣系列的精髓，且从蕾丝的细节和裙装的廓形，就能看出设计师是花了很多心思的。花呢套装，收紧的小腰，并随后做出小裙摆，打造出优雅和玲珑的线条感。立体的花朵点缀，亮片和蕾丝交织出繁复的花纹，从这就能想象到一件定制服融入了多少手工匠的心血。

范思哲
Versace

品牌档案 >>>

中文名：范思哲

外文名：Versace

创始人：詹尼·范思哲

创建时间：1978 年

品牌国家：意大利

现任设计师：多纳泰拉·范思哲

产品系列：女装系列、男装系列、手表、香水、眼镜、丝巾、领带、内衣等。

品牌故事

　　著名意大利服装品牌范思哲代表着一个品牌家族，一个时尚帝国。1946 年，范思哲生于意大利南部一个贫穷的小城。1972 年，他独自来到意大利"时装之都"米兰，凭着自己的热情、机灵和无所畏惧，渐渐闯出了名堂。

　　成功之后，范思哲便把全家接到米兰，以传统的家族联合方式创基立业。哥哥圣多完成商业学习后曾为两家家电连锁店管理过财务，他的加入使家族的产业很快运作起来。1978 年，他们推出了第一套范思哲女式成衣，不久又开设了第一家专卖店。这期间，兄弟俩还把在佛罗伦萨大学专攻语言学的妹妹多纳泰拉拉到旗下，他们运用彼此的天赋，迅速从米兰时装界脱颖而出。

　　自 1978 年推出第一套女装以来，范思哲的服装以其独特的风格迅速成为国际名牌。范思哲设计的顶峰标志，是 1989 年在巴黎推出的"Atelier"系列。这是他不满足于仅仅称霸意大利，决心打入法国高级女装界而进军巴黎时所推出的一个专门系列。

　　1997 年，范思哲在美国迈阿密的住所前被枪杀，其妹多纳泰拉开始出任范思哲品牌主设计师之职。她对范思哲品牌进行了重新定义：以高档的男装面料制作富于装饰感的女装，突出一种精致高雅的感觉，细节上更显匠心，在服装中大量运用流苏毛边、金属线、单肩设计、褶皱作为装饰，表现得更具创意，领型上不经意地流露出一缕东方风情，感觉清新纯净，集合了当今所有流行元素——运动感、年轻化、民族风。

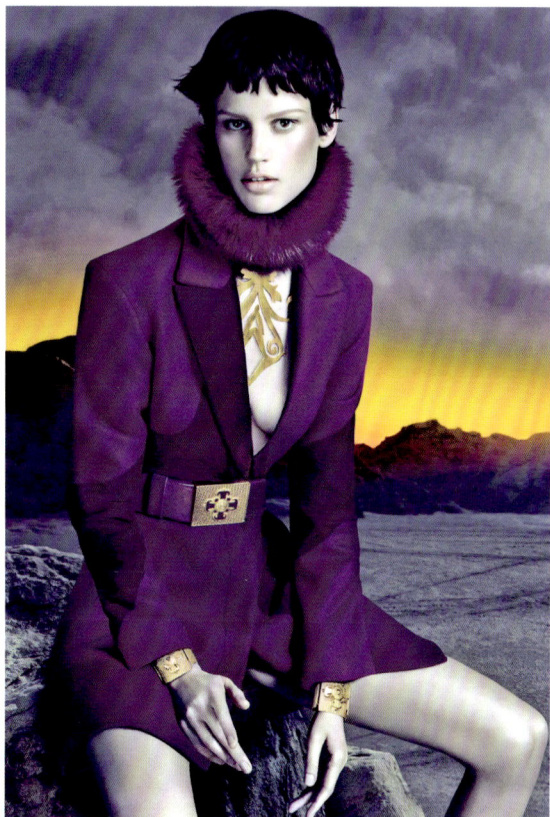

品牌风格 ▶▶▶

　　范思哲（Versace）的设计风格灵感来源于女性的性感，他对于女性的美有着不倦的好奇和追求，他不受任何羁绊，没有禁忌，所以设计风格非常鲜明，以夸张、性感、艳丽为主，流露出对梦想的追求和写意，强调了快乐及性感。

品牌标识 ▶▶▶

　　范思哲帝国的标识是希腊神话中的蛇发女妖玛杜莎，美女的头发由一条蛇组成，发尖是蛇的头。她代表着致命的吸引力，她以美貌诱人，见到她的人即刻化为石头，这种震慑力正是范思哲的追求。

VERSACE

对于范思哲来说，可能没有绝对的经典，因为每一款都凝结了这位大师的全部心血。在各种重大场合，范思哲高级定制礼服常是名媛们最具杀伤力的武器。尽管其标价最低也要 15000 美元，但仍然受到人们的青睐。因为范思哲善于采用高贵豪华的面料，借助斜裁方式在生硬的几何线条与柔和的身体曲线间巧妙过渡。该品牌的套装、裙子、大衣等把女人的玲珑曲线勾画得生动自然，充满无尽的诱惑。

卡尔文·克莱恩

Calvin Klein

品牌档案 ▶▶▶

中文名：卡尔文·克莱恩

外文名：Calvin Klein

创始人：卡尔文·克莱恩

创建时间：1968 年

品牌国家：美国

现任设计师：卡尔文·克莱恩

产品系列：高级女装、高级男装、牛仔、
休闲装、袜子、内衣、睡衣、泳衣、香水、彩妆、
眼镜、家饰用品等。

ck
Calvin Klein

品牌故事 ＞＞＞＞＞

说起 Calvin Klein，上了点年纪的朋友可能不太熟悉，但一说 CK，便无人不知。

创始人卡尔文·克莱恩（Calvin Klein）于 1942 年出生于美国纽约，就读于著名的美国纽约时装学院（F.I.T）。1968 年创办 Calvin Klein 公司。当时卡尔文·克莱恩和他的合作伙伴一同创立了男装、女装系列。而 CK 卖得最好的产品莫过于牛仔系列和内衣系列。

卡尔文·克莱恩被封为全美最具知名度的时装设计师。他是首度提出无性别香水和牛仔服装概念的引领者。

卡尔文·克莱恩的设计哲学是把美式风格国际化，他认为世界各个国际化大都市都有相通点，居住在各大都市的人们的需求也十分相似，所以他认为他的风格将得到共赏，事实证明他的想法非常不错。

纯净、性感、优雅、风格统一一直是卡尔文·克莱恩永远的现代主义设计哲学。

卡尔文·克莱恩设计中最重要的一点就是性感，人们可以从他的广告中轻易地发现这一特点：被频繁采用的裸体人像，旨在创造完美的、艺术化的形象；其内衣广告中起用一名似未成年的女模特儿摆出带色情意味的露底裤姿势，竟还惊动了美国联邦调查局。

Calvin Klein

1980年，卡尔文·克莱恩起用刚刚大红大紫的青春玉女影星波姬·小丝（Brooke Shields）任牛仔女郎，而"我们坦诚相对"（Nothing between me and Calvins）的广告中波姬·小丝健美的半裸画面，在素以见怪不怪的美国人中也引起了震动。不久，它的一则男士内衣广告所展示的男性发达的胸肌，掀起了好莱坞男影星们的健身狂潮。

2003年，纽约PVH集团并购Calvin Klein，卡尔文·克莱恩本人退居幕后。

品牌风格 ▷▷▷▷

卡尔文·克莱恩是永远的"极简主义"奉行者。十分"纽约"的黯沉颜色、明快的简单线条是其最大的特点。

品牌标识 ▷▷▷▷

卡尔文·克莱恩（Calvin Klein）是一个全方位的设计师，不论是正牌、副牌或任何一条产品线，他都有完整的企划设想。现在，他旗下一共有三个主要的服装路线，而配件则依服装表现来搭配设计。

（1）Calvin Klein：以整齐的干净线条写出Calvin Klein，与设计师洁癖般的极简风格不谋而合。Calvin Klein Collection正是旗下的第一品牌。

（2）CK Calvin Klein：Calvin Klein把名字用他自己最喜爱的褐色当作标识一般，放在黑色的大CK上，简称CK，是年龄层较为年轻的副牌。

（3）CK Calvin Klein Jeans：为 Calvin Klein 的服装事业打开一片天空的牛仔装系列，设计师干脆把 CK 直接用成褐色，压上 Calvin Klein Jeans 黑字，简称 CK Jeans。

经典作品 ▶▶▶

牛仔裤是让 Calvin Klein 大放异彩的经典商品，不管是经典的 Original Calvirls、Calvin Klein Khakis 等，还是 Calvin Klein Jeans——"象征身份的牛仔裤"，只要搭配都会风的衬衫、polo 衫，就能创造出一种中产阶级的优雅气质。

卡尔文·克莱恩也是首位把内衣变得如外衣一般充满话题性商品的设计师。对嘻哈族来说，把 Calvin Klein 的内裤露在低垮牛仔裤外面，是他们彼此认定的记号。这种以精纺高科技棉布与红色细织腰带设计的崭新布料，兼具舒适性与功能性。

华伦天奴

Valentino

中文名：华伦天奴（也译瓦伦蒂诺）

外文名：Valentino

创始人：瓦伦蒂诺·加拉瓦尼

创建时间：1960 年

品牌国家：意大利

现任设计师：比尔·保罗·皮乔利

产品系列：高级女装、男装、配饰、珠宝手表、眼镜、女士香水、男士香水等。

品牌故事 ▶▶▶▶

　　华伦天奴是全球高级定制和高级成衣最顶级的奢侈品品牌。说起华伦天奴，人们自然会感受到这个名字所具有的罗马贵族气息。华伦天奴代表的是一种宫廷式的奢华，高调之中隐藏着深邃的冷静，从 20 世纪 60 年代以来一直都是意大利的国宝级品牌。

　　大设计师瓦伦蒂诺 1932 年出生于意大利北部的 Voghera，幼年起便展露出出众的艺术天赋和审美情趣。1959 年，年轻气盛的瓦伦蒂诺从法国巴黎回到意大利罗马，开始独自创业。1960 年成立了华伦天奴女装品牌公司，并在欧洲一举成名，瓦伦蒂诺被认为是高级女装业中的精英人物。荣誉印证着瓦伦蒂诺奋斗的历史，1965 年，瓦伦蒂诺被 *Women′s Wear Daily* 誉为"罗马最富明星色彩的设计师"。1967 年，瓦伦蒂诺又荣获 Neiman Marcus Award（时尚界的至高大奖）。

　　瓦伦蒂诺的设计讲究运用柔软贴身的丝质面料和光鲜华贵的亮缎绸，加上合身剪裁及华贵的整体配搭，舒展了名流淑女们梦寐以求的优雅风韵，赢得了杰奎琳·肯尼迪、玛格丽特公主、美国前"第一夫人"南希·里根以及许多大明星的青睐，她们甚至被冠上 Val's Gals（瓦伦蒂诺的女人）的称号。瓦伦蒂诺成为上流社会社交生活的制造者，既是设计师，同时更像一名社交界的大明星，这是瓦伦蒂诺成功的一大原因。瓦伦蒂诺深信高级时装不但需要有能力欣赏的人，更需要有财力欣赏的人。他与名流交往甚笃，且毫不掩饰地说："我是专为有钱人做衣服的。"

　　瓦伦蒂诺在设计中非常喜欢用最纯的颜色。鲜艳的红色可以说是他的标准色，以浓烈而华贵的霸气震慑人心；那极致优雅的 V 形剪裁时装，更是让人折服在这种纯粹和完美的创意之中；做工的考究使华伦天奴品牌服装从整体到每一个小细节，都力求做得尽善尽美、富丽华贵、美艳灼人。

品牌标识 ▷▷▷▷

　　醒目的"V"形标识以及著名的"华伦天奴红"，成为品牌永恒的象征。

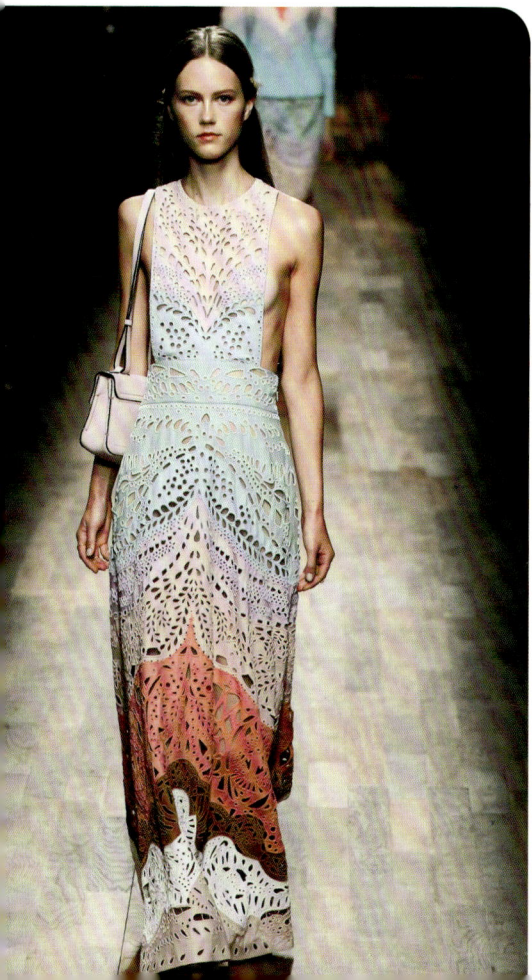

2007 年，华伦天奴在法国巴黎时装周举行了以"重温 20 世纪 60 年代"为主题的发布会。1968 年，瓦伦蒂诺推出了他的"白色系列"，这一系列也被认为是瓦伦蒂诺时装生涯中最经典的设计。瓦伦蒂诺坦言，只有白色才能体现高级时装的真谛，白色会把所有的瑕疵暴露无遗，无论是剪裁还是缝制工艺，白色时装的每一个细节都必须完美，白色是最浪漫、最具魅力的颜色。白色是这场发布会无可争议的主角，瓦伦蒂诺更是将各种材质的白色面料的组合和运用发挥到了极致。

2013 年，华伦天奴早秋女装发布会以黑红两色统领整个系列，在结尾段却令人惊喜地看到了一大堆白色的纯洁设计，让人重温了瓦伦蒂诺的经典之作。

布莱奥尼

Brioni

品牌档案

中文名：布莱奥尼

外文名：Brioni

创始人：纳萨雷诺·冯蒂科、哥特诺·萨维尼

创建时间：1945 年

品牌国家：意大利

现任设计师：亚历山德罗·戴拉夸

产品系列：定制西装、运动休闲服饰、女装、衬衫、领带、皮革配饰等。

品牌故事

布莱奥尼这一品牌创立于 1945 年，著名裁缝纳萨雷诺和他的合作伙伴哥特诺在罗马成立了布莱奥尼时装店，这个店名来自于亚得里亚海岸的度假胜地布莱奥尼岛。1952 年，布莱奥尼在佛罗伦萨的碧帝宫举行第一场发布

会就赢得了全世界的关注。1990 年，翁贝托·安杰洛尼开始执掌布莱奥尼的大权，凭借自身的魅力以及对商业的敏锐赢得了纳萨雷诺和哥特诺两个家族的信任和支持。之后，他又将布莱奥尼的零售帝国扩展到 26 家，其中大部分有量身定制服务。

在安杰洛尼的领导下，布莱奥尼首次尝试设计运动服装，这是为了让人们在星期六和星期日也能穿着布莱奥尼服装出门，而新的 POLO 系列是其向运动服装设计领域进军的成果之一。为了顺应市场趋势的变化，布莱奥尼时装公司开始将女装设计纳入计划当中，并培养了一批著名的女装设计师，其作品也开始在历年服装发布会上公开亮相。

一般来讲，定制一套布莱奥尼西装需要两个月，中间至少要经历三次试穿和调整。每件布莱奥尼西装制作工时达 40 个小时，要经过 185 道工序，100％手工完成。因此，在欧洲市场，一套布莱奥尼现成的成衣价格从 4200 美元到 20000 美元不等，如果定制一件布莱奥尼西装，其价格为 8000 美元到 50000 美元。更能彰显这一品牌地位的是，不是你能出得起金钱就能买到布莱奥尼西装，首先你必须通过严格的客户筛选程序，以保证身穿布莱奥尼西装的人是真正有身份、有地位的人。因此，身穿布莱奥尼西装已成为一种地位和身份的象征。

品牌风格 〉〉〉〉〉

　　布莱奥尼的男装十分注重细节，充分了解顾客的需要，每一分每一寸都恰到好处。布莱奥尼女装以沉稳的深色调为主，但又不完全是黑色，运用面料本身的质感结合深蓝、深红等高贵色，做工精美，造型大方，没有过多累赘的装饰，全面展现了现代职业女性的时尚观念。

Brioni 的字母。

047

经典作品 >>>>>>>

　　布莱奥尼的经典作品是高级手工定制男士西装。从 1995 年开始，布莱奥尼成为电影中的传奇人物 007 的"御用"西装，从而引起更多年轻富豪的关注。布莱奥尼的成名离不开 007 系列电影，詹姆斯·邦德潇洒不羁却又恰到好处的绅士风度完美地诠释了这一品牌形象。从第五代 007 扮演者皮尔斯·布鲁斯南到《皇家赌场》中的新任邦德先生，穿的都是由布莱奥尼量身定做的西装。

Part 2 奢华名鞋——仙履奇缘

一位爱美的女性至少应该拥有七双鞋子，就像七宗罪：一双找乐子，一双来调情，一双工作时穿，一双度假用，一双用于婚礼，一双从未穿过和一双你不喜欢的。拥有一双不喜欢的鞋子，可以提醒自己不用时刻完美着装。

CHANEL

克里斯提·鲁布托

Christian Louboutin

中文名：克里斯提·鲁布托

外文名：Christian Louboutin

创始人：克里斯提·鲁布托

创建时间：1992 年

品牌国家：法国

现任设计师：克里斯提·鲁布托

产品系列：高级鞋履。

品牌故事 》》》》

　　克里斯提·鲁布托，1963 年出生于巴黎的一个工人家庭，所有的辉煌始于他孩提时的特殊经历。有一次他路过巴黎的 Oceanic Art 博物馆，在门前看到了一幅显著的图标，一只锥形高跟鞋被两行粗线画掉，告诫参观的女性"善待"展馆里面的雕花木地板。看着那双漂亮的高跟鞋，13 岁的他痴迷了。14 岁时他就经常逃课去法国的一些夜总会看女模特儿表演，因为他被她们穿的高跟鞋吸引并以此作为他成为一个高跟鞋设计师的精神动力，甚至为此放弃了学业。

　　16 岁时，克里斯提·鲁布托制作了生平第一双舞鞋，虽然到处推销，但却四处碰壁，由此他意识到自己必须经历专业的培训。1981 年，他系统地学习了制鞋技术。1988 年，他加入了迪奥旗下专门生产鞋子的公司罗杰·维威耶，制鞋技术进一步提升。1992 年，克里斯提·鲁布托开创了自己的品牌，他制作的高跟鞋色彩艳丽、充满异国情调，被媒体称为"独立于主流之外的极品"，一面世就大受关注。

　　很多人以为那时"红鞋底"就已经是他的标志，其实不然。最开始他并没有想把鞋底涂成红色，可是每一次设计鞋子的时候，他都为 Logo 伤脑筋。一次，他看到女助理往脚趾上涂指甲油，大红的色泽一下子刺激了他的灵感，于是他将正红色涂在了鞋底上，没想到效果出奇的好，至此，这抹勾魂夺魄的红色就成了克里斯提·鲁布托的标志，让他大红大紫。很快，这抹红色红遍了全球，王室贵族特别是大明星们的捧场让克里斯提·鲁布托扬名立万。

品牌风格

性感、张扬、色彩艳丽、充满异国情调。

品牌标识

Christian Louboutin 的鞋子，除了鞋底的那一抹艳红之外，几乎没有任何明显的辨识记号，唯有鞋内才有明显的辨识标志。

（1）艺术字体 Christian Louboutin：往往会以烫金字体压制的方式大大地烙印在皮件的表面上。

（2）整个标识以 Louboutin 为主，上部的 Christian 字体则相对较小，这个在鞋内及鞋底都可以清晰看到。

经典作品 ▶▶▶▶

红底鞋作为 Christian Louboutin 的标志性产品，已是无可置疑的经典之作。脚踩红底鞋踏上奥斯卡红毯的明星也是数不胜数。2007 年，克里斯提·鲁布托申请了一项商标权，目的就是保护红底鞋设计不被抄袭。

莫罗·伯拉尼克

Manolo Blahnik

品牌档案 ▶▶▶

中文名：莫罗·伯拉尼克

外文名：Manolo Blahnik

创始人：莫罗·伯拉尼克

创建时间：1972 年

品牌国家：英国

现任设计师：莫罗·伯拉尼克

产品系列：高级鞋履。

品牌故事 ▶▶▶

莫罗·伯拉尼克 1943 年出生于西班牙加纳利群岛的香蕉种植园。1968 年，莫罗来到巴黎，立志成为一名舞美设计师，并于 1971 年前往纽约找工作，然而当时的"时尚教母"VOGUE 主编黛安娜·弗里兰看了他画的草图以后，建议他从事鞋类设计。莫罗开始不断地参观制鞋工厂，并与操作工人相互交流，伦敦当时最著名的设计师奥西尔·克拉克（Ossie Clark）采用了他制作的女鞋，并要求他推出自己的设计系列。从此，莫罗的事业开始走上正轨。1973 年，他的鞋店开业了。那时流行的鞋子款式还都是鞋跟比较粗重的那种，显得比较笨拙，莫罗率先开始制作优雅的细高跟鞋，但无论他的鞋跟多高多细，都以结实耐穿为前提，且以鞋底贴合人体脚掌的受力情况而设计，穿上比较舒服。

莫罗·伯拉尼克是一个真正的工匠，他钻研制鞋技术，亲把鞋子的质量关，甚至制鞋楦也要亲自动手制作。他还绘制了大量的设计草图，这些草图成为广告宣传的蓝本出现在世界各地的时装杂志上。

Manolo Blahnik 是高跟鞋中的"贵族"。拥有一双 Manolo Blahnik 是女人的梦想，就连大牌女星也是它的狂热追求者。如果说阿玛尼是奥斯卡颁奖礼的"制服"，那么 Manolo Blahnik 就是奥斯卡颁奖礼"唯一指定用鞋"。用一句话形容 Manolo Blahnik 的鞋，就是："Manolo Blahnik 高跟鞋会挑起情欲。"

Manolo Blahnik 的鞋子无论价格多高，总是刚推出几周就销售一空。

品牌风格

性感为主，艺术为辅，结实得可以穿一辈子。鞋面、鞋带、鞋跟缀满水晶、人造宝石、羽毛甚至绣花和丝缎，高得不能再高的鞋跟和尖得不能再尖的鞋头是 Manolo Blahnik 鞋的独特标志。

品牌标识

（1）Manolo Blahnik 字母标签后应带有®标志，个别款式的 Manolo Blahnik 高跟鞋鞋垫上为莫罗·伯拉尼克的亲笔签名格式。

（2）Manolo Blahnik 的鞋底也同样是真皮材质，上面有清晰的 Manolo Blahnik 大写字母标志。"hand made in italy"（意大利手工制造）也是必备标志。个别款式会标有 Vero Cuoio（真皮材质）。

经典作品 >>>>>>

在传统经典款高跟鞋中，Manolo Blahnik 的"BB"系列就成为细跟尖头高跟鞋的经典代表。搭配方面，细跟尖头高跟鞋百搭，特别是在季节转换时，更是能与不同类型单品搭配。不管是充满夏日气息的印花连衣裙还是长裤，抑或是还有冬日色彩的羊毛打底裤，细跟尖头高跟鞋都可以与它们搭配。

JIMMY CHOO

周仰杰
Jimmy Choo

品牌档案 ▶▶▶

中文名：周仰杰

外文名：Jimmy Choo

创始人：周仰杰、塔玛拉·梅隆

品牌国家：英国

创建时间：1972 年

现任设计师：周仰杰

产品系列：高级鞋履、手袋、箱
包、香水、墨镜等。

品牌故事 ▶▶▶▶

1988 年，马来西亚裔鞋商周仰杰设计的高跟鞋无意中被 *Vogue* 发现，他们为此还制作了一个专题。塔玛拉也在此期间认识了周仰杰。1996 年，塔玛拉·梅隆向父亲借了 15 万英镑，联手周仰杰，共同创立了"Jimmy Choo London"品牌。周仰杰负责设计制作鞋子，塔玛拉·梅隆负责推广销售。周仰杰于 2001 年以 1000 万英镑的价格卖掉 Jimmy Choo Ltd. 全部股份，而周仰杰原本的手工女鞋品牌便改成"Jimmy Choo Couture"。两位创始人之所以闹得不欢而散，原因就在于周仰杰对手工鞋的坚持，而塔玛拉·梅隆想要量产。由此可见手工鞋对于周仰杰来讲是多么的神圣，容不得半点不尊。

后来有一次周仰杰参加鞋子设计比赛，他的鞋子设计吸引了已故戴安娜王妃，戴安娜王妃主动走入周仰杰的店铺，请周仰杰为她设计鞋子。此后，周仰杰成为戴安娜王妃御用的鞋子设计师。当时为国际时尚潮流先驱的戴安娜王妃穿着周仰杰的鞋子周游世界各国，也使周仰杰英文姓名 Jimmy Choo 成为著名的鞋子品牌。

1996年，周仰杰和塔玛拉·梅隆在伦敦开设了第一家Jimmy Choo Ltd.鞋店，认同戴安娜王妃品位的人也因此慕名而来。久而久之，Jimmy Choo便成为品位的一种象征。

目前，"Jimmy Choo Couture"鞋子是世界上最昂贵的鞋子之一，其拥护者包括各国王室、贵族、影视明星、政商名流等，价格最低的每双不到1000英镑，高的约几千英镑，全部手工定制，每周约产5双。

品牌风格

Jimmy Choo的设计风格高贵典雅、穿着舒适，最重要的就两个字——干净。

品牌标识 ▶▶▶▶

（1）Jimmy Choo 鞋的鞋底除了必有的大写字母 Jimmy CHOO 及 LONDON 外，还有 MADE IN ITALY（意大利制造）及鞋码。如果是真皮的鞋底还会带有 "VERO CUOIO" 字母标记。

（2）Jimmy Choo 的鞋垫通常会有白色的鞋标，两侧缝在鞋垫内：大写字母 Jimmy CHOO 下面一定有较小的大写字母 LONDON。

经典作品 ▶▶▶▶

2010 年春，Jimmy Choo 推出 "Choo24:7" 系列，其设计理念直接明了——一周七天，一天 24 小时都能穿的完美鞋履。分管配饰销售的总经理为这一系列做了总结："我们认为，24:7 有非常现代的概念，它很好地反映了我们消费者的生活。现在消费者买配饰不再是用一次两次，她们希望这些手袋能够伴随自己的生活。"正是这样为顾客着想的理念，使得 "Choo24:7" 系列成为 Jimmy Choo 的经典之作。

西萨尔·帕奇奥提

Cesare Paciotti

品牌档案

中文名：西萨尔·帕奇奥提

外文名：Cesare Paciotti

创始人：朱塞佩·帕奇奥提

创建时间：1948 年

品牌国家：意大利

现任设计师：西萨尔·帕奇奥提

产品系列：高级手工男鞋、女鞋、箱包、皮具、首饰、眼镜等。

品牌故事

　　1948 年，朱塞佩·帕奇奥提建立了他的鞋业公司，并开始制造了一种完全手工制作的男式正装鞋。朱塞佩·帕奇奥提和他的妻子一起管理制鞋厂并亲自监督生产，非常注重细节的处理。他们的两个儿子继承了这种热情。今天，他们在成功地运营公司的同时，也将高品质作为一种传统传承下来。

　　与这个品牌同名的西萨尔·帕奇奥提是朱塞佩·帕奇奥提的二儿子，他出生于 1958 年，毕业于意大利博洛尼亚大学的戏剧、艺术、音乐研究专业。大学毕业后，西萨尔·帕奇奥提先是花了一段时间去世界各地旅行，然后回家和哥哥共同经营管理家族的制鞋企业。这个在艺术中接受过熏陶并且拥有自己个性和想法的年轻人终于把家族产业发扬光大了。

1980 年，西萨尔·帕奇奥提升任公司的 CEO，并决定生产第一个以 Cesare Paciotti 命名的产品系列。得益于哥哥的管理和西萨尔·帕奇奥提的创意设计，Cesare Paciotti 系列一诞生就立即成为意大利手工制作的代表之一，它成功地诠释了品质和优雅的完美结合。在短短的时间内，这个意大利的家族品牌已经得到许多世界顶级奢侈品大牌的关注，并且争相寻求与之合作的机会，这些品牌对 Cesare Paciotti 的崇拜使得 Cesare Paciotti 能够跻身顶级奢侈品名单。

1990 年，一直以男鞋生产为主线的 Cesare Paciotti 公司迈出了重要的一步——扩展到女鞋领域。为满足不断增长的需求，公司还并购了一家工厂专注于女鞋生产。

如今，Cesare Paciotti 还涉及包括金、银和贵重宝石的首饰以及眼镜系列，主要为 Cesare Paciotti 和 Paciotti 4US 两个子品牌，而 Paciotti 4US 更年轻化。

品牌风格

Cesare Paciotti 有着狂野奔放的意大利性感风格，这是根植于其血统中的。而在奔放间又展现出最优美的姿态，让你顷刻间领略无限扩张的魅力诱惑。

品牌标识

Cesare Paciotti 的标识中间带着一把匕首，这把匕首仿佛带着某种魔力，令人过目难忘。

Cesare Paciotti 有着狂野奔放的意大利性感风格，而 Cesare Paciotti 的高筒靴把这种狂野奔放的意大利情调表现得淋漓尽致，那些妖娆的性感曲线让人窒息，在昼夜之间尽显优雅气质。简洁舒适的鞋筒，激发出极致的女性魅力和性感！

菲拉格慕

Ferragamo

品牌档案 ▶▶▶

中文名：菲拉格慕

外文名：Ferragamo

创始人：萨尔瓦托勒·菲拉格慕

创建时间：1927 年

品牌国家：意大利

现任设计师：保罗·安德鲁

产品系列：皮鞋、时装成衣、箱包、香水、首饰、皮革制品等。

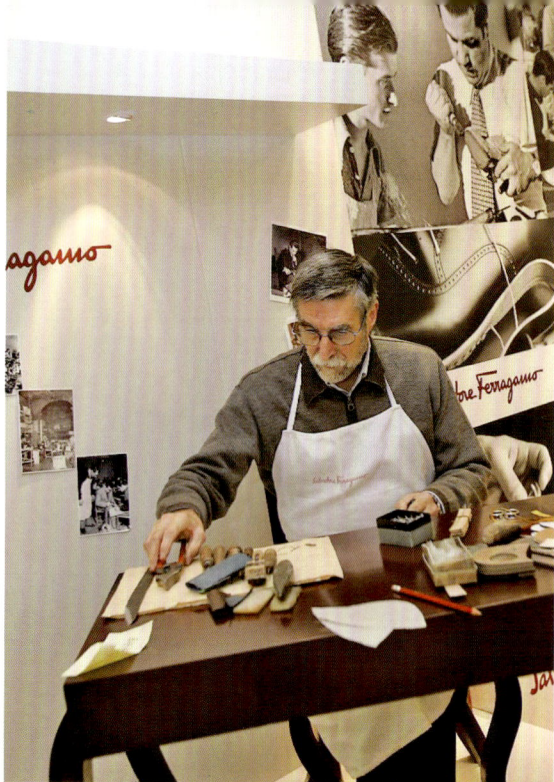

　　萨尔瓦托勒·菲拉格慕1898年出生于意大利，由于家庭贫困，早年便开始当造鞋学徒帮忙贴补家计。在当时的意大利南部，鞋匠被视为最卑微的工作之一，但菲拉格慕却满怀梦想，要把这个被人轻视的工艺发扬光大，于是在9岁时就立志要创制出结合美观和实用的完美鞋子。13岁，他已拥有自己的店铺，并制造出第一双量身定做的女装皮鞋，从此开始了缔造他时尚王国的第一步。

　　1914年，菲拉格慕来到美国，其后前往美国加州的圣巴巴拉开办了一家补鞋店，并设计电影所用的鞋履，这令他的名字开始流传于明星界，被誉为电影巨星的专用鞋匠。由于许多明星在银幕下开始穿着菲拉格慕的产品，于是订单大增。但菲拉格慕并未满足，他继续试图找出制造永远合脚的鞋的秘诀，甚至为此在大学修读人体解剖学。

　　1927年，菲拉格慕返回故乡，并在佛罗伦萨开设他的店铺。然而，1929年华尔街金融危机之后，菲拉格慕亦于1933年宣布破产。迫于无奈，唯有集中发展家乡市场。

　　1947年，菲拉格慕以其透明玻璃鞋被誉为"时装界奥斯卡"的雷门·马可斯，成为第一个获得这个奖项的制鞋设计师。

　　1960年，菲拉格慕与世长辞。如今在菲拉格慕的妻子和他六个孩子的带领下，Salvatore Ferragamo鞋履王国的业务已发展至时装成衣、皮鞋、箱包、香水、首饰、皮革制品等。Ferragamo的产品已遍布世界。

品牌风格 〉〉〉〉〉

华贵典雅，实用性和
款式并重，以传统手工设
计和款式新颖誉满全球。

品牌标识

优雅连写的 Salvatore Ferragamo 字母标识以及倒置的欧姆符号的搭扣设计，将丝绸用于鞋面装饰的特殊设计均是其标志。

经典作品

Varina 是 Vara 的现代版，青春洋溢、活力四射。Vara 鞋于 1979 年由萨尔瓦托勒·菲拉格慕的长女菲尔玛（Fiamma Ferragamo）设计，一经推出即成为热卖款式，直至今日仍是菲拉格慕最经典的鞋履之一。Varina 在 Vara 的柔和线条上添加了芭蕾舞鞋的独特风格，并保留金属饰牌和罗缎蝴蝶结的经典元素。此外，采用真皮及缎面等不同材质，配合多种亮丽色彩，甚至还饰有对比色罗缎的双色调款式，令人爱不释手。

伯尔鲁帝
Berluti

品牌档案 ▶▶▶

中文名：伯尔鲁帝

外文名：Berluti

创始人：亚历山德罗·伯尔鲁帝

创建时间：1895 年

品牌国家：法国

现任设计师：克里斯·万艾思

产品系列：高级手工男鞋、高级成衣及皮具系列。

品牌故事 ▶▶▶

Berluti 于 1895 年在法国巴黎创立，是拥有百年历史的法国经典制鞋品牌，也是世界顶级奢侈品集团"LVMH"旗下品牌，以定制"有灵魂的鞋"著称。1895 年，"Maison Berluti 皮鞋"之父亚历山德罗·伯尔鲁帝从制作出第一双由一整张皮革制成、只有三个孔眼的绑带男鞋开始，这双鞋子在百年历史中成就了 Berluti 独一无二、无可替代的大师地位。

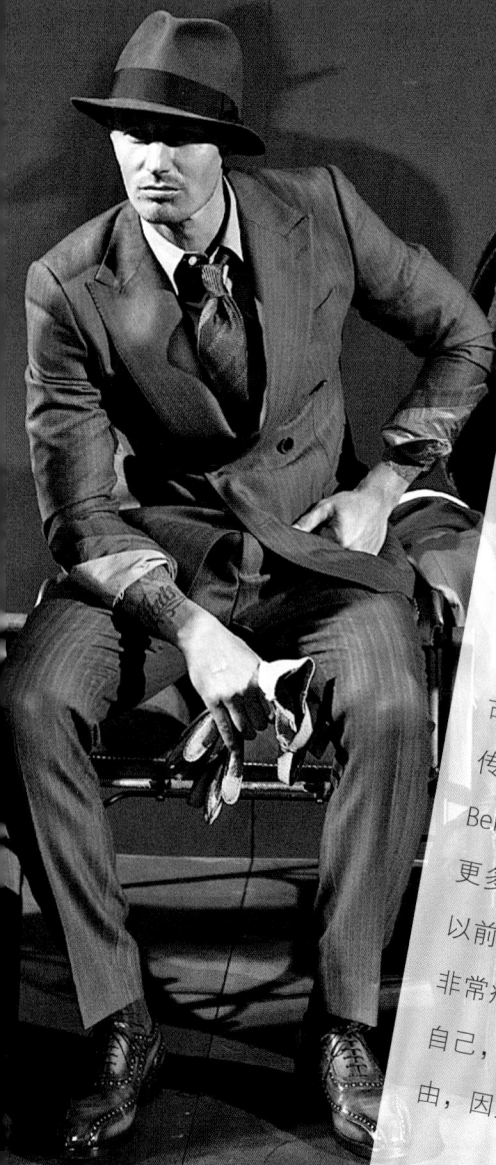

现在，第四代掌门人奥尔加·伯尔鲁帝（Olga Berluti）成为品牌的灵魂人物。奥尔加·伯尔鲁帝作为全球唯一一位女性订造制鞋师，也是Berluti的灵魂所在。奥尔加·伯尔鲁帝从她的父辈处承继了渊博的制鞋知识和传统，同样只为男士服务，而且把所有的客户都视为自己的友人。

奥尔加·伯尔鲁帝是世界上最后一个还坚持从设计到皮革选材上都一直跟进的鞋匠，这是Berluti家族的传统。在制鞋这个异常保守和歧视女性的行业里，奥尔加·伯尔鲁帝成为唯一的女鞋匠，也是最成功的鞋匠。"永远不要让别人知道你的脆弱，更不要被现实生活和女性的弱点打败。"这是她信奉的成功之道。

奥尔加·伯尔鲁帝有一双中国古代三寸金莲所穿的小鞋，是祖上传下来的。发现于意大利威尼斯的Berluti家族，比其他欧洲人更早也更多地接触到东方文明。"这双鞋子以前束缚了很多中国女人，她们活得非常痛苦。每次看到它们，我都告诉自己，我的使命是让更多的脚得到自由，因为这是生活应有的一部分。"

品牌风格 ▶▶▶

　　优质、舒适、强烈的设计感是 Berluti 之家的闪光点。浸渍过精油的伯尔鲁帝翡冷翠皮革闪烁着幽深的微光，仿佛是有生命的艺术品。

每一双 Berluti 鞋都是独一无二的，Berluti 独家 Patinas 技术让皮鞋充满神奇的颜色。

经典作品 ▶▶▶

由品牌创始人亚历山德罗·伯尔鲁帝设计的经典 Alessandro 鞋款经过 120 年的岁月，依然深受各位后继品牌设计师的爱戴并不断被修改重塑。Alessandro 鞋款的鞋面部分需由一块完整的皮革裁剪而出，上面并无任何饰片、缝合线或加装组件，这种技术的独特之处在于以极简约的线条勾画出炫丽的设计。

Part 3 奢华箱包——有容乃大

>>> 拎出来的优雅，丢不了的自信。

路易·威登

Louis Vuitton

品牌档案 ▶▶▶▶

中文名：路易·威登

外文名：Louis Vuitton

创始人：路易·威登

创建时间：1854 年

品牌国家：法国

现任设计师：尼古拉·盖斯奇埃尔

产品系列：皮件、皮箱、旅行用品、男装、女装、丝巾、笔、手表等。

品牌故事

　　1854 年，路易·威登创立于法国巴黎。1987 年，路易·威登与轩尼诗合并，组成全球最大规模及最成功的奢侈品集团——法国路威酩轩集团。路易·威登成立公司后立即做了一个影响深远的重要决定，以耐用又防水的帆布将旅行箱覆盖，自此，一款方便运输的平盖白杨木行李箱问世。这款行李箱不但能保护衣物，便于携带，更标志着流芳百世的路易·威登行李箱及现代旅游文化的正式诞生，路易·威登也由此展开了辉煌的一页。时至今日，路易·威登已经到了第 6 代传人帕特里克·威登的手中，并拥有 1.36 万名箱包制作工匠，在法国、西班牙和美国的 14 个作坊中工作，其中 11 个作坊根植于法国。路易·威登名副其实是来自法国的奢华。

　　当然，路易·威登代表的不仅仅是奢华，它同样也是品质的保证。很多人可能都听说过两个关于路易·威登箱包的传说：1912 年泰坦尼克号沉没后，从海底打捞到一个 LV 硬型皮箱，竟然没有渗进半滴海水。一位商人家里失火，衣服等几乎全部烧光，唯有一只 LV 的包除了外表被熏黑变形外，包里的东西完好无损。这两个传说足以体现出 LV 一流的质量。

　　一百多年来，世界经历了很多变化，人们的追求和审美观念也随之改变，但 LV 的声誉却始终未减，出色的防水性、耐火性闻名于世，它不脱线、不变形，密闭性极高也是公认的事实。因此，对于真正讲究生活品位的人来说，LV 的产品不仅是精品，更是已经进化成了收藏品，是很多人的梦想之物。

品牌风格 ▶▶▶

　　一百多年来，路易·威登一直崇尚精致、品质、舒适的"旅行哲学"，并以之作为设计的出发点。后来延伸出来的皮件、丝巾或手表、笔，甚至服装都是以此为设计风格。

品牌标识 >>>>

啡褐色底色，路易·威登姓名中的简写 L 及 V 配合四瓣花朵与正负钻形花系列的标记，已经成为 LV 品牌的象征性标识，也是这个法国第一奢侈品牌被世人广为认知的醒目标识。

经典作品 >>>>

在路易·威登的世界里，没有哪一款包是多余的，也就是说没有哪款不是经典之作。在这众多经典之中，著名的字母组合图案诞生于一段父子情。路易·威登第 2 代传人乔治·威登希望将父亲的作品永远铭刻在旅行箱上，于是独具匠心地将父亲姓名首字母 L 和 V 融入其中，表达追念。父亲的爱如同太阳，寂静无声却温暖不变，从而在不经意间成就了该品牌最为经典的花样。

爱马仕
Hermès

品牌档案 〉〉〉〉

中文名：爱马仕

外文名：Hermès

创始人：蒂埃利·爱马仕

创建时间：1837 年

品牌国家：法国

现任设计师：皮埃尔·哈迪、维罗尼克·妮莎尼安

产品系列：皮包、皮箱、眼镜、香水、珠宝、化妆品、服饰等。

品牌故事 ▷▷▷

　　1837 年，生于德国、原籍法国的蒂埃利·爱马仕创建了他的马具制造公司，该公司在 1867 年的世界皮革展览中获得一等业务奖章，由此奠定了爱马仕在马具皮革行业的坚固基础。此后，爱马仕之子埃米尔·查尔斯再建专卖店，生产销售马鞍等物品，并开始零售。然而，这个由马具制造出名的家族企业，在汽车问世之后受到了极大的冲击，在第三代继承人精心策划下，爱马仕开始寻找机会，推出皮件系列和"马鞍针步"的行李箱，创造了爱马仕精神的崭新风格，使爱马仕事业经历脱胎换骨般的成长，并确立了爱马仕独树一帜的风格。

　　爱马仕积极拓展发展路线，并真正成为横跨全生活方位的品位代表。如今的爱马仕集团分为三个体系，即皮革用品、手表及香水。其在全球拥有 186 家专卖店、56 个零售专柜，所有专卖店的格局设计都维持了爱马仕一贯的品位与形象，连陈列柜都是在法国原厂订制，然后空运至各地，以期保持百年历史的坚持。

　　独特的创意与优雅的品位亦在爱马仕的丝巾、领带、香水、时装、生活艺术品等更多细致的对象上发酵、拓展。爱马仕磨炼了一百多年的精湛工艺，正以其源源不断的想象力和创造力为追求完美和高雅的人们实现着一个又一个梦想。

品牌风格 >>>>>

　　格调优雅、工艺精湛。

HERMÈS
PARIS

品牌标识 ▶▶▶

　　马车图案是 Hermès 从经营马具开始的悠久历史与精致品质的传统象征，通常会在产品内部不显眼的地方看到。大写的 Hermès 签名，如果不是与马车图案一起出现，一般会被安排在按扣或表面上。另外，Hermès 下方经常有一行 PARIS 的小字，表示了其典雅的法国风格的血统。"H"字形，这在最近几年的产品上经常出现，如"H-our"手表系列的表面造型以及男女拖鞋上。

经典作品 ▶▶▶▶

爱玛仕凯莉包——1956 年，*Life* 杂志封面，摩洛哥王妃格蕾丝·凯莉拎着最大尺码、以鳄鱼皮制作的凯莉包，半掩着她已怀孕的身躯，流露着她闪亮妩媚的女性美。这张让人难忘的封面照，使凯莉包卷起狂潮。于是，格蕾丝·凯莉以及以她的名字命名的凯莉包，都成为那个时代的经典标志并影响至今。

爱玛仕柏金包——又一款以明星的名字命名的包，它的诞生只是来自一句小小的抱怨。法国女星简·柏金在飞机上巧遇爱玛仕第五任总裁让·路易·杜马斯，并向他抱怨说她现在都找不到做工精良又实用的大提包，于是爱马仕的总裁就为她专门设计了这款手袋，并用她的名字来命名，爱马仕柏金包由此得名。

古驰

Gucci

品牌档案

中文名：古驰

外文名：Gucci

创始人：古驰奥·古驰

创建时间：1921 年

品牌国家：意大利

现任设计师：亚历桑德罗·米歇尔

产品系列：高级女装、男装、皮包、香水等。

品牌故事

1919 年，意大利皮具手工艺人古驰奥·古驰旅居伦敦和巴黎，1921年返回佛罗伦萨，开设了一家经营高档行李配件和马术用品的商店。出售由当地最好的工匠制作的精美皮具，并在上面印上古驰标识。Gucci一向以高档、豪华、性感闻名于世，以"身份与财富之象征"的品牌形象成为上流社会的消费宠儿，一向被商界人士垂青，时尚之余不失高雅。Gucci 现在是意大利最大的时装集团。Gucci 为时装界贡献了无数经典作品，推出了一系列标志性产品。1947 年，二战结束以后，由于原材料匮乏，Gucci 推出以竹节替代皮手柄的提包，从此享誉世界。

1953 年在美国纽约开设分店，标志着 Gucci 进军全球市场。20 世纪 60 年代末，双 G 正式成为 Gucci 的品牌标识。1990 年，汤姆·福特加入 Gucci，出任女装创意总监，并且大刀阔斧地整顿古驰，使 Gucci 成为年轻一族的时尚代表。1998 年，Gucci 因良好的战略眼光、经营管理和财务运作，被欧洲商业新闻联盟评为"欧洲年度企业"。1999 年，Gucci 与零售商 PPR 集团结成战略联盟，使自己从单一品牌转变为多品牌的超级时尚王国，进而成为意大利最大的时尚集团。

随着时间的流逝，Gucci 的设计被赋予奢华、性感、现代的品质，成为现代奢华的表征。

品牌风格 >>>>>

高雅、豪华、性感。

品牌标识 >>>>>

（1）竹节手柄：Gucci 的竹节包取材于大自然，所有的竹子都从中国及越南进口，大自然材料及手工烧烤技术成就其不易断裂的特点。

GUCCI

（2）马术链：系着马匹的马术链也是 Gucci 的发明。

（3）银色"GUCCI"标识：GUCCI 的标识原先是金色，1994 年后改为银色。

（4）印着成对字母 G 的商标图案及醒目的红色与绿色作为 Gucci 的象征出现在公文包、手提包、钱夹等 Gucci 产品之内，这也是 Gucci 最早的经典 Logo 设计。

经典作品 >>>>

竹节包毋庸置疑是 Gucci 系列产品中的经典之作。在过去，因为战争物资匮乏，Gucci 工匠拔来竹子以代替皮革制作手提带，这神来一笔却为 Gucci 创造了经典。竹节包历经半个多世纪的辉煌，依然大放异彩，在一次次重新创作中又被赋予了新的灵性。

芬迪
Fendi

品牌档案

中文名：芬迪

外文名：Fendi

创始人：爱德拉·卡萨格兰德、爱德华多·芬迪

创建时间：1925 年

品牌国家：意大利

现任设计师：西尔维娅·文图里尼·芬迪

产品系列：皮革与皮件、皮草与时装、成衣、珠宝、手表、香水等。

FENDI

品牌故事 ▶▶▶▶▶

1918 年，爱德拉·卡萨格兰德（Adele Casagrande）女士在罗马的普勒彼斯齐托大街开设了一家专门为贵族和好莱坞女明星设计、定做皮草的专卖店。1925 年她嫁给爱德华多·芬迪（Edoardo Fedi），于是将皮草专卖店取名为 Fendi。Fendi 凭借高品质的毛皮制品，赢得了顾客的青睐，在当时，到普勒彼斯齐托大街的 Fendi 店购物成为一种身份的象征。享誉罗马的 Fendi 在 20 世纪三四十年代迅速发展，成为当时声名远播的一大品牌。1955 年，Fendi 举行首次时装发布会，其后开发了针织服装、泳装、价格较低的成衣等品类，甚至开发了珠宝、男用香水等，但 Fendi 品牌仍以其毛皮类服装在世界时装界享有盛誉。其创始人之一爱德华多·芬迪去世后，公司由他的五个女儿共同参与经营。

1946 年，爱德华多夫妇的五个女儿（Paola、Anna、Franca、Carla 及 Alda）开始参与家族生意，为 Fendi 注入了新的活力。

1962 年，年轻的德籍设计师卡尔·拉格斐尔德被 Fendi 五姐妹聘为设计师。拉格斐尔德以全新的设计理念，将皮草重新塑造、设计及演绎，变成轻柔的潮流服饰。他在选料方面也新意迭出，如将真正的动物毛皮处理成仿制毛皮的外观效果，在毛皮面料上打上大量细小的洞眼以减轻大衣的重量便于穿着，以及对毛皮做多彩染色处理等。拉格斐尔德还为 Fendi 设计出双 "F" 字母的标识，这是继法国香奈儿的双 "C" 字母、意大利古驰的双 "G" 字母后，又一个时装界众人皆识的双字母标识。

品牌风格 >>>>

讲究动物色彩与奢华理念相结合，超乎想象的皮毛染色工艺，加入镶嵌、编织等崭新技巧，打破了皮毛只能做成深色的套路。

品牌标识 >>>>

正反两个 "F" 字母相扣的 Logo。

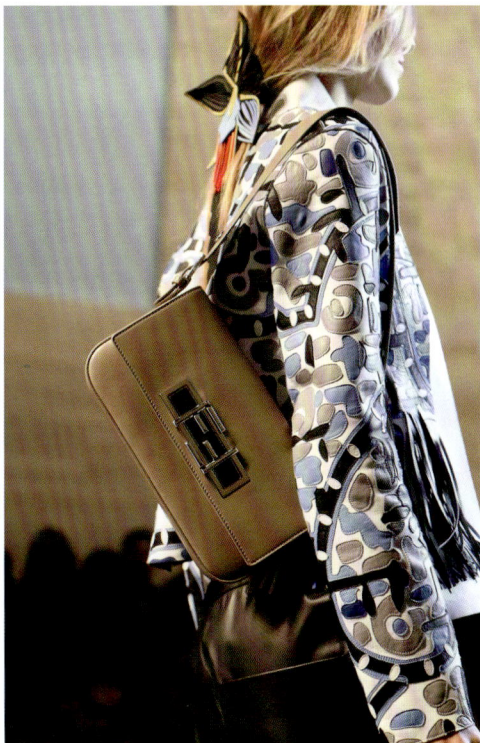

经典作品

　　1997 年 Fendi "Baguette bag" 面世。在法文里 "Baguette" 意为长棍面包，因为法国人习惯将长棍面包夹在腋下匆匆赶路，而这款包的背带很短，正好适宜夹在腋下，由此得名。当时开拍电视剧《欲望都市》，Fendi 大力赞助，让女主角和其他三个时髦女郎在片中挎着 Baguette 包在全曼哈顿 "游走"，而 Fendi 包也是女主角们经常谈论的话题。不久，电视剧风靡全球，随之 Baguette bag 也被女性观众热捧。

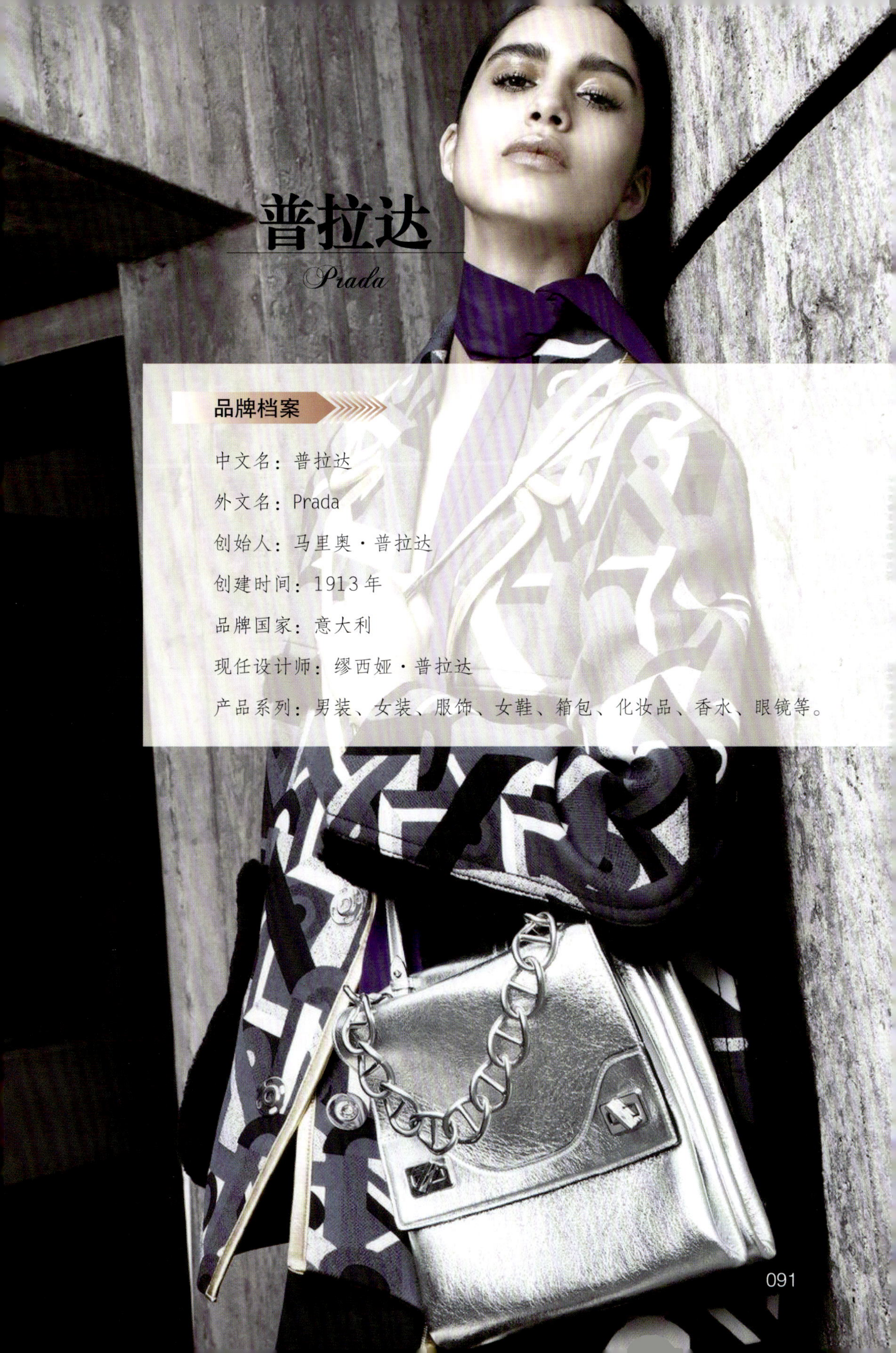

普拉达

Prada

品牌档案

中文名：普拉达

外文名：Prada

创始人：马里奥·普拉达

创建时间：1913 年

品牌国家：意大利

现任设计师：缪西娅·普拉达

产品系列：男装、女装、服饰、女鞋、箱包、化妆品、香水、眼镜等。

品牌故事 ▷▷▷▷▷

　　1913 年，意大利的马里奥·普拉达与自己的兄弟一起在米兰开设了一家行李用品公司，主要销售皮包、旅行箱、皮制配饰以及化妆箱等旅途中使用的高档用品。在他的努力经营下，1918 年意大利皇族特别指定普拉达为皇室专用供货商，普拉达之名自此渐渐享誉整个欧洲。到 20 世纪 30 年代，那些眼光苛刻的欧洲贵族纷纷以拥有普拉达品牌而自豪。

　　20 世纪 70 年代中期之后，由于受到古驰、爱马仕等主要竞争对手强有力的挑战，普拉达公司面临极大的困难，几近破产边缘。当曾经风靡一时的普拉达处在最黑暗的时期时，其家族内部的一位女性在短短 10 年内重树家族雄心，并建立起意大利时尚地图上最夺目的时装帝国，她就是马里奥·普拉达的孙女缪西娅·普拉达。

　　缪西娅有着敏锐的时尚触感和大胆的革新精神。1978 年，她正式接手主管家族产业后，对普拉达产品的用料和设计进行了一番改革，除了推出风靡一时的"尼龙包（Nylon Bag）"外，1983 年推出皮鞋，1989 年推出女装，1994 年推出男装，1998 年推出运动装。

缪西娅的丈夫帕特里齐奥·贝尔泰利则建立了普拉达全世界范围的产品分销渠道以及批量生产系统。在夫妻二人的努力下，普拉达将传统的品牌理念和现代化的先进技术进行了完美结合，终于从低谷中走了出来。

1998 年起，普拉达开始向 LVMH 和古驰看齐，走集团式的经营路线。目前其旗下共有 Prada，MiuMiu，Church's，Car shoe 四个品牌。

品牌风格

（1）和倒三角形的铁皮标识一样，普拉达的设计接近现代人的生活形态，其简约且带有一股制服美学般的设计正好与潮流不谋而合。

（2）对比元素的组合恰到好处，精细与粗糙，天然与人造，不同质材、不同肌理的面料统一于自然的色彩中，艺术气息极浓。

品牌标识 ▶▶▶

（1）倒三角形的铁皮标识：这个只有在 PRADA 皮件系列产品上才会出现、几乎是大家的第一印象的铁皮标识上面，除了标有 PRADA 大字，其下方还会有一行标明其品牌出生地的 MILANO 小字以及创立品牌的年份——1913 年。

（2）"PRADA"字样偶尔会以烫压的方式，小小地烙印在皮件的表面。而在 2006 年春天，Prada 还以马里奥·普拉达于 1913 年为皇室定制的皮箱为原型，创造了一个新的皮件系列"Heritage"，上面不但重现了当年经过皇室认证才能使用、以复杂手工织出的 PRADA 皇家御用 Logo，也成为 PRADA 的另一个标识。

经典作品 ▶▶▶

Prada 杀手包因为在电影《碟中谍 4》中被杀手女主角随身携带而引爆潮流。大容量的包身掩得了手枪、装得了钻石，醒目的三角标在大屏幕上堂而皇之地出现，每一次都引来漆黑影院里的一片惊呼。杀手包除了一贯主打的黑色以外，裸粉色也非常雅致。杀手包包身采用 Prada 专用意大利顶级优质牛皮制作，具有防尘、耐磨、防撕裂的特点，内衬则选用手感柔软的普拉达专用里料制成。包体容量巨大，肩带的加厚设计、工整饱满的缝合线无不彰显 Prada 的卓越品质。

赛琳

Céline

CÉLINE

品牌档案

中文名：赛琳

外文名：Céline

创始人：赛琳

创建时间：1945 年

品牌国家：法国

现任设计师：艾迪·斯理曼

产品系列：皮包、女装、眼镜、香水、珠宝等。

品牌故事

赛琳讲究"实际"，也就是说，让华丽与自在共存，优雅但绝不会感到束缚。

1945 年，法国巴黎麦特大街，赛琳女士开设了自己的第一家商店，主要经营童鞋。1963 年，赛琳开始涉足女鞋市场。1966 年，赛琳皮具诞生。20 世纪 60 年代末，赛琳成立了女装部门，从配件到服装，俨然成为产品线完备的精品王国。

赛琳一直以卓越品质和华贵气派闻名遐迩。赛琳深谙建立品牌知名度的重要性，多年来不断紧随时代步伐，产品风格推陈出新。从皮包到女鞋、手皮套。赛琳皮件的皮材相当丰富精致，设计高雅独特。为了强调与服装之间的搭配性，每种款式都有多种材质及尺寸可供选择。另外，讲究精致的赛琳女鞋，为了与服装完美组合，还可以针对每季的服装风格推出新款。

奢侈品

不难想象，当缀满珠丝的五分袖圆领毛衣、不刻意凸显女性臀部线条的低腰过膝长窄裙，加上洁净的信封式皮包、优雅的牛津鞋或印着赛琳传统图案的配件，随意组合搭配，赛琳华丽却自在的新形象将令你过目难忘，在你的心灵深处留下永不磨灭的记忆。

品牌风格 ▶▶▶

实际、华丽、优雅、精致。

品牌标识 ▶▶▶

赛琳的品牌标识一直是字母"C"和链状图。此外，象征着拥有如马具般精致的"单座双轮马车"图案，也常常出现在 CELINE 的皮件与皮鞋上，而马蹬、环圈、花朵等也是其常用图案。

经典作品 ▶▶▶▶

    在赛琳的品牌历史中，创制出了许多经典的款式，其中笑脸包是赛琳皮包系列中最重要的款式之一，被命名为波士顿系列。正是因为它的重要性，设计师在它身上倾注的心血也非常多，当选经典之作也就理所当然了。笑脸包采用高档皮革蟒蛇皮来突出完美质感，而笑脸包的正面看起来正如一张完美的人脸，这也是为什么被称为笑脸包的原因。而从里至外最上等的材料和高水准的工艺，全都体现着赛琳的简约奢华。同时，这款包还具有极强的实用性和功能性，被称为必备之包也在意料之中。笑脸包可以说是对品牌经典的再度演绎，重新谱写当代奢侈品品牌篇章的赛琳向来以顶级品质演绎审慎、自信的生活态度。

巴黎世家

Balenciaga

品牌档案 ▶▶▶

中文名：巴黎世家

外文名：Balenciaga

创始人：克里斯托巴尔·巴伦西亚加

创建时间：1937 年

品牌国家：法国

现任设计师：德姆娜·格瓦萨利亚

产品系列：皮包、高级女装、男装、香水等。

品牌故事 >>>>

1895 年，创始人克里斯托巴尔·巴伦西亚加生于西班牙的居塔利亚，天生就有艺术天赋。

巴黎世家皮具选用天然优质意大利牛皮，具有手感舒适、透气性能好、强度高、抗潮能力强、不易老化等优异性能；具有天然的质感，与众不同的肌理和纹路；特殊处理后的皮具有自我保养功能，平时不需要特别的保养和护理；克服了普通皮具容易变形的通病——一段时间使用下来，皮具反而会变得更加柔软、细腻、润泽。

　　崇尚简洁、清纯和造型考究是巴黎世家时装和手袋系列的突出特点，也是其成就知名品牌的制胜之道。今天，这个品牌最著名的产品是由摩托车引发灵感的一系列手袋（机车包），尤其是"Lariat"。

　　巴黎世家首席设计师尼古拉斯·盖斯切耶在 2007 年继承品牌机车包的精髓，以时尚前卫的设计风格，不断推出包款新花样。仿旧立体的铆钉，让原本复古率性、充满摇滚气息的机车包更增添了大胆与前卫。

　　巴黎世家咖啡色的机车包是巴黎世家机车包的代表作之一，东方女士可在各种场合将机车包当万用袋使用，且具有休闲俏丽感，很受现代女性的追捧。

崇尚简洁、清纯和造型考究。

品牌标识 ►►►►

巴黎世家的品牌标识取自创始人克里斯托巴尔·巴伦西亚加 Cristobal Balenciaga 的姓氏 BALENCIAGA，于标识下方缀有 PARIS 字样，体现了巴黎世家典雅、富丽、细腻的特征。

BB
BALENCIAGA
PARIS

经典作品 ►►►►

在巴黎世家的历史上，少不了一款机车包的身影，它曾经为不景气的巴黎世家奠定了重生之路。尼古拉·盖斯切耶设计的机车包，外形简单且容量巨大，包内外层次分明，特别适合短途旅行使用，即便只是出门逛街，机车包也是兼具时尚与实用的典范。从机车包的质地而言，它采用材质柔软的小羊皮为主料，加以亮漆工艺的处理，触感细腻柔滑。而拉链部分配有独特的系绳是机车包外形上鲜明的特点，有着随手就可以打开的方便特性，这是设计师为机车包注入的设计理念之一。在拥有机车包的女士身上有同机车包所传达出来的气质一样自信、大方、独立，这就是机车包不同于其他包的专有品质。

登喜路
Dunhill

品牌档案 ▶▶▶

中文名：登喜路

外文名：Dunhill

创始人：阿尔佛雷德·登喜路

创建时间：1893 年

品牌国家：英国

现任设计师：马克·韦斯顿

产品系列：男装、皮具、打火机、烟斗、手表等。

1893 年成立的英国品牌——登喜路，强调将现代与传统相结合，带着浓浓的绅士品位，令人赏心悦目。

创始人阿尔佛雷德一生都疯狂迷恋速度、精准、烟草，这个英国男人性格倔强、富有才华，他是商业天才、钢琴家、驾驶好手。

20 世纪初期，阿尔佛雷德创造了汽车配饰系列产品，生产"除了汽车以外的任何汽车配饰产品"，不久，发展成为该行业的先锋。第一次世界大战后，确立了登喜路烟草和烟斗的首选地位。

当时，阿尔佛雷德曾扬言要供给所有汽车周边产品，而店铺亦由初时只是专卖汽车配件到售卖其他当时驾驶人士不可或缺的东西，如旅行袋、手提箱、皮衣、打火机、汽车喇叭等，生意一日比一日壮大。

登喜路从 1921 年开始在纽约开拓市场，并于 1933 年在洛克菲勒大厦设立了一家旗舰店。几乎每个人都很喜爱登喜路的香水，享用登喜路的雪茄，同时希望通过登喜路的手表来知晓时间，用登喜路的钢笔和文具给亲朋好友们写信。登喜路已逐渐成为享誉世界、可提供多种不同配饰产品的时尚品牌，而产品本身也因此拥有了长盛不衰的活力与生命。

品牌风格 ⟫⟫⟫

实用、可靠、稳重，将独特创意和超凡的工艺集于一身。

品牌标识 ⟫⟫⟫

黑体字 dunhill 成为识别登喜路的最显著标志。

经典作品 ⟫⟫⟫

如果说登喜路品牌旗下的诸多产品是一群现代绅士，那么 Tradition 就是当中最德高望重的那位。顾名思义，Tradition 系列皮具是忠于传统的极致体现，它抛弃了所有不必要的装饰，以极简式的"素颜"示人，方正轮廓与平整细腻的包面透露出男士刚毅的性格特征。该系列皮具由手工纯熟的师傅在三个月内独立完成，其手工的精致透露出尊贵感，不禁让人想起昔日绅士与老字号店铺裁缝以及鞋匠一对一的服务关系。

Part 4

奢华化妆品——让奇迹发生

>>> 你只有一张脸庞，请用心呵护它。

香奈儿
Chanel

品牌档案

中文名：香奈儿

外文名：Chanel

创始人：加布里埃·香奈儿

创建时间：1910 年

品牌国家：法国

所属集团：香奈儿集团

产品系列：香水、护肤品、化妆品。

品牌故事

　　当加布里埃·香奈儿使时尚从妇女们茶余饭后的谈资变成整个世界关注的焦点后，这位天才设计师认为自己划时代的时装应有前卫的香水搭配，因此她决定开拓香水市场，并使其成为同品牌时装的完美互补。

　　1921年，当著名香水调配师恩尼斯·鲍将自己精心设计的多款香水样品呈现给加布里埃·香奈儿时，她毫不犹豫地选择了自己的幸运数字5号，于是，"香奈儿5号（N°5）"这款后来誉满全球的香水就此横空出世，并在香水界掀起了翻天覆地的变革，而著名影星玛丽莲·梦露的那句"除了几滴香奈儿5号香水，我什么都没穿"更是让其成为全世界最为知名的香水。

　　此后，香奈儿开始向多元化发展，珠宝、女包不断推向市场，但是化妆品方面却相对平寂。2006年，香奈儿推出一款色调浓郁的全新唇膏，采用创新包装，缔造了全新彩妆秘诀：只需轻按唇膏管上的按钮，听到"咔嗒"一声，带有香奈儿印记装饰的唇膏便应声而出。自此，香奈儿所推崇的肌肤之美才再次进入人们的视线，并很快风靡时尚舞台。

　　如今，香水、化妆品已经成为香奈儿的支柱产业。香奈儿因其性感迷人的风格，成为女人生命中不可缺少的生活伴侣，而香奈儿也迎来了经久不衰的生命力。

CHANNEL

品牌标识

（1）一正一反的两个 C 叠加的双 C 标志，是让 Chanel 迷们为之疯狂的"精神象征"。

（2）英文字母"CHANEL"。

经典作品

香奈儿 5 号香水——1921 年，香奈儿邀请俄罗斯宫廷调香师恩尼斯·鲍为她创造一瓶"闻起来像女人的香水"，即香奈儿 5 号香水。这款历史上第一瓶抽象香调的香水，成就了至今无人超越的传奇，而 5 号香水的影响力早已超出了香水的范畴，化身为现代精神的象征。它以独特的魅力，让全世界的女性深深着迷。

克里斯汀·迪奥
Christian Dior

品牌档案

中文名：克里斯汀·迪奥

外文名：Christian Dior

创始人：克里斯汀·迪奥

创建时间：1946 年

品牌国家：法国

所属集团：LVMH 集团

产品系列：香水、彩妆、护肤品。

品牌故事

克里斯汀·迪奥（Christian Dior），简称 CD 或迪奥（Dior），是法国著名时尚消费品牌，亦为全球最大的高级时尚品牌控股公司"LVMH 酩悦轩尼诗路易威登集团"（法国酒业与高价奢侈品制造集团）的母公司。迪奥公司于 1947 年成立，以服装为主，并在同年推出了 Miss Dior 新式香水，从而奠定了自己在时尚产业的领军地位。

1955年，Dior第一支唇膏诞生，它是蓝金唇膏的前身，带有DIOR标识的唇膏容纳于方尖玻璃樽内，其丰润柔软、色彩纯正的质感，在舒适持久之间达到不可思议的平衡，一下就成为无数女性手袋中必不可少的宠物。1987年，迪奥公司研发出五色眼影。之后，迪奥相继推出粉饼、眼影、唇膏、唇彩、指甲油，其斑斓的色彩成为时尚舞台不可缺少的点缀，让迪奥的大名在化妆品业成为经典。

迪奥（Dior）的产品风格是彩色缤纷、体验艺术和具有高效的护肤工艺，在全球香水和化妆品市场占有重要地位。迪奥的主题产品主要有香水、彩妆和护肤保养，为所有希望进行面部化妆、嘴唇描绘、美化指甲的人士提供了一个持续更新的色彩天地。

Miss Dior

LE PARFUM

Dior 迪奥小姐纯香香氛

品牌标识

"CD"字母缩写，英文字母"DIOR"。

113

经典作品 ▶▶▶▶▶

1987 年，迪奥公司研发出五色眼影，其缤纷的色彩令女性喜爱不已。现如今，全新 Dior 五色眼影，将经典与摩登、复古与时尚搭配到极致，重新诠释传奇眼影的魅力，为这款引领 30 多年眼妆潮流的彩妆单品揭开全新篇章。崭新的丝缎般质地与细致光泽，由中间色定格眼妆风格，搭配周边四款色彩装点双眸，持久饱和的美丽色泽，结合雾面、丝光、闪耀光的不同光感，随心所欲地打造出多变层次的迷人眼眸，创意百搭出无可比拟的时尚风格。

娇兰
Guerlain

中文名：娇兰

外文名：Guerlain

创始人：皮埃尔·佛朗索瓦兹·帕斯科尔·娇兰

创建时间：1828 年

品牌国家：法国

所属集团：LVMH 集团

产品系列：香水、娇兰之家、KissKiss。

提及法国奠堂级香水专家，不得不提拥有高贵格调的娇兰。

娇兰由法国医师兼化学家皮埃尔·佛朗索瓦兹·帕斯科尔·娇兰于 1828 年创立，迄今已有 190 多年的历史。娇兰以调制香水起家，从一家家庭作业的香水店开始。

多年来，娇兰曾推出多款广受欢迎的香水，成为不少收藏家的珍藏对象。于 1853 年推出的帝王香水还曾获拿破仑三世赐予的"御用香水"荣誉，当时，娇兰先生甚至被指定为法国皇室人员的御用香水专家。除此之外，娇兰的多款香水也成为当时的经典产品，包括 1919 年推出的蝴蝶夫人、1933 年的夜间飞行、1969 年的长相忆、渗出淡淡甜美花香、1983 年的百花乐园、1989 年的轮回等。近二十几年来，为了打入年轻女性市场，娇兰致力将品牌年轻化，如于 1996 年推出被娇兰赋予"走出传统娇兰"重责大任的香榭丽舍香水，及于 1999 年 8 月推出五支不同香味的花草水语香水。花草水语香水由世界十大调香师之一、娇兰家族第五代传人创造，果香味道清新，适合年轻女士。

娇兰的成功令 LVMH 对其品牌虎视眈眈，并于 1994 年正式收购娇兰，并致力扩充娇兰业务。在护肤品及化妆品发展上，娇兰强调美化娇颜必以护肤为先，并致力修护及延缓老化，对抗岁月的洗礼，全面照顾女性寻求美的需要。

品牌标识 ≫≫≫

英文字母 GUERLAIN。

娇兰每一款香水的诞生如同创造一件艺术品，其中最具传奇色彩的莫过于"一千零一夜"了。"一千零一夜"是娇兰第三代传人雅克·娇兰创造出来的。这款香水的灵感来源于印度莫卧儿王朝第五代皇帝沙杰汗和玛穆泰芝·玛哈尔的爱情故事。这款香水以沙杰汗为爱妻所建的美丽花园的名字"Shalimar（梵文，原意为爱的神殿）"命名，中文译名"一千零一夜"则更为其增添了一份浪漫而神秘的色彩。

SENSUOUS
GOLD

雅诗兰黛

Estee Lauder

品牌档案

中文名：雅诗兰黛

外文名：Estée Lauder

创始人：雅诗·兰黛

创建时间：1946 年

品牌国家：美国

所属集团：雅诗兰黛公司

产品系列：护肤霜、香氛膏、金质粉饼盒。

品牌故事 ▷▷▷▷

被誉为"化妆品王后"的雅诗·兰黛夫人为了把美丽带给每一位女性，于1946年在美国纽约成立了雅诗兰黛化妆品公司，同时推出了她的第一款产品，由她当化学家的叔叔研发的护肤霜。这款护肤霜一经问世，马上就赢得了一群忠实的拥护者。

没有资金，没有营销经历，没有护肤或美容特长，雅诗·兰黛夫人仅凭想为每位女性带来美丽的梦想就步入当时的化妆品领域。这位外表美丽纤弱的女子，在创业之初，曾为自己立下"每天至少接触50张脸"的工作量底线，她把自家产品带到美容院，给那些闲坐着等头发吹干的女人做免费演示；在熙熙攘攘的大街上，说服身边经过的女人，尝试自己的巧手护理。她鼓励女性"善待并娇宠自己的肌肤"，提出了至今令人赞叹的"奢华护肤"理念。

1948年，雅诗·兰黛夫人终于赢得进驻美国最高级萨克斯第五大道精品百货店的资格，雅诗兰黛作为高档美容护肤品的知名度从此直线上升。

作为美国最大的化妆品集团，雅诗兰黛不断推出一款款顶级的护肤品：雅诗兰黛眼部修护精华霜、雅诗兰黛特润修护露、雅诗兰黛鲜活营养系列等都是该品牌最畅销的明星产品。作为时尚的典型代表，雅诗兰黛在全球高端化妆品领域中的地位不可动摇，它不断重新界定着奢华护肤的新标准，而其所倡导的化妆风格及护肤方式早已成为女性美容的典范。

品牌标识

一个以字母 E 和 L 来变形设计的方形图标，加上 ESTĒE LAUDER 的品牌名称。

经典作品 ▶▶▶▶

　　海蓝之谜（La Mer）的开发研究源于一场意外。美国太空物理学家麦克斯·贺伯曾任职于美国太空总署，在一次火箭燃料爆炸中被严重烧伤，经过多次求医诊治及皮肤疗养均无法除去烙痕，因此他决心投入到皮肤保养乳霜的研发中。历经为期12年超过6000次的实验，终于发现了太平洋深海的秘密能量。雅诗兰黛集团旗下的海蓝之谜（La Mer）面霜将太平洋深海之海藻搭配多种维生素、矿物质和天然植物精华，经过三个月的低温低压生物性特殊发酵方式才得以形成。该面霜自面世之后，它那神奇的护肤效果就得到了人们的交口称赞。海蓝之谜（La Mer）与尖端护肤科技有效地融合在一起，为肌肤带来瞬时滋养的美好享受。

伊丽莎白·雅顿

Elizabeth Arden

品牌档案 ▶▶▶

中文名：伊丽莎白·雅顿

外文名：Elizabeth Arden

创始人：伊丽莎白·雅顿

创建时间：1910年

品牌国家：美国

所属集团：联合利华集团

产品系列：化妆品、香水。

品牌故事

伊丽莎白·雅顿原名弗洛伦丝·南丁格尔·格雷厄姆，1910年，她从亲戚手中借了6000美元创办了一个美容沙龙，并以自己的新名字伊丽莎白·雅顿命名。

伊丽莎白·雅顿的沙龙在当时有别于其他如同医院的美容沙龙，其装潢精致高雅，以粉红色为基调，由于其大门为红色，因此被称为红门沙龙。除了提供最先进和最流行的脸部与身体护理外，该沙龙还销售高级服装、珠宝与化妆品，所以当时曼哈顿的很多名媛纷纷开着高级轿车前去消费，这使得红门沙龙的名气大增。

1922年，第一款由伊丽莎白·雅顿自己配制的香水正式推出。1966年推出的"第五大道"香水至今一直是伊丽莎白·雅顿最成功、最经典的香水代表作，也是最受现代时尚女性欢迎的一款香水。这款定位为东方香调的香水为伊丽莎白·雅顿公司赢得了香水界的重要奖项——FiFi大奖。而且伊丽莎白·雅顿夫人还特别要求，这款香水只能在纽约第五大道销售。

伊丽莎白·雅顿夫人享有"化妆品皇后"和"头脑灵活的女实业家"的美称，她成功地创造了一个国际知名的化妆品品牌，改变了人们的美容观念，并得到英国女工的皇室嘉奖。在只有演员才化妆的 20 世纪初，伊丽莎白·雅顿夫人被《生活》杂志评选为"20 世纪最有影响力的美国人之一"。她也一直引导着世界化妆品及香水的时尚风潮。

品牌标识 》》》》

红色大门的标识，Elizabeth Arden 英文。

经典作品 》》》》

1999 年，伊丽莎白·雅顿推出的"绿茶"香水源于古老的茶道传统，以绿茶为基质，混合了柠檬、柑橘、琥珀等成分，创造出天人合一的氛围，其清新的香味能舒缓紧张的情绪，令人神清气爽。这款香水一上市，就以其创新的思维与绿茶被首度引进香水调配而震撼了香水界。对于喜爱这款香水的人来说，它不仅是一种香水，更代表了一种健康的生活方式。

莱珀妮

La Prairie

品牌档案 ➤➤➤

中文名：莱珀妮

外文名：La Prairie

创建时间：1982 年

品牌国家：瑞士

所属集团：拜尔斯道夫集团

产品系列：保养品、化妆品等。

　　莱珀妮（La Prairie）是来自瑞士的顶级护肤品牌。1982 年，莱珀妮护肤系列研究所脱离了莱珀妮疗养中心，进而成为缔造拥有神奇功效产品的发源地。1987 年，莱珀妮推出了鱼子精华护肤系列，从而成为全球第一个将如此珍贵的海洋成分运用到护肤品中的品牌。1991 年，德国拜尔斯道夫集团成为其母公司，为莱珀妮护肤系列研究所注入了全新力量。2009 年，莱珀妮再度征服奢华极限，开启矜世抗老杰作，将世间最珍贵稀有的金属——白金加入到护肤品中，将奢华护肤推至巅峰。2012 年，鱼子精华紧颜液再次被提升。莱珀妮就是这样利用尖端生物技术和专利活细胞精华，成就世界上最奢华的护肤产品。

　　该品牌采用无上奢华的原料，传承历史经典，以独步全球的尖端科技面向未来，不仅能满足高品位女性对完美肌肤的渴求，更将肌肤护理引领至全新的奢华境界。莱珀妮拥有瑞室皇室血统的高科技生化研究室——"莱珀妮调养中心"，引领着瑞士各大护肤品牌，为全球追求青春永驻的名媛淑女及贵妇们带来重生的喜悦。很多明星经常飞到瑞士，名为度假，实则去接受"神奇青春疗法"——活细胞疗法。作为时尚界的老佛爷，卡尔·拉格斐尔德对莱珀妮情有独钟，据说在他的盥洗室里摆的全是这个品牌的产品。

　　如今，这个品牌已经成为当今世界生化美颜科技的最高指针，除保养品之外还有多款彩妆和香水，包括完整的粉底、蜜粉、口红、眼影、睫毛膏等。

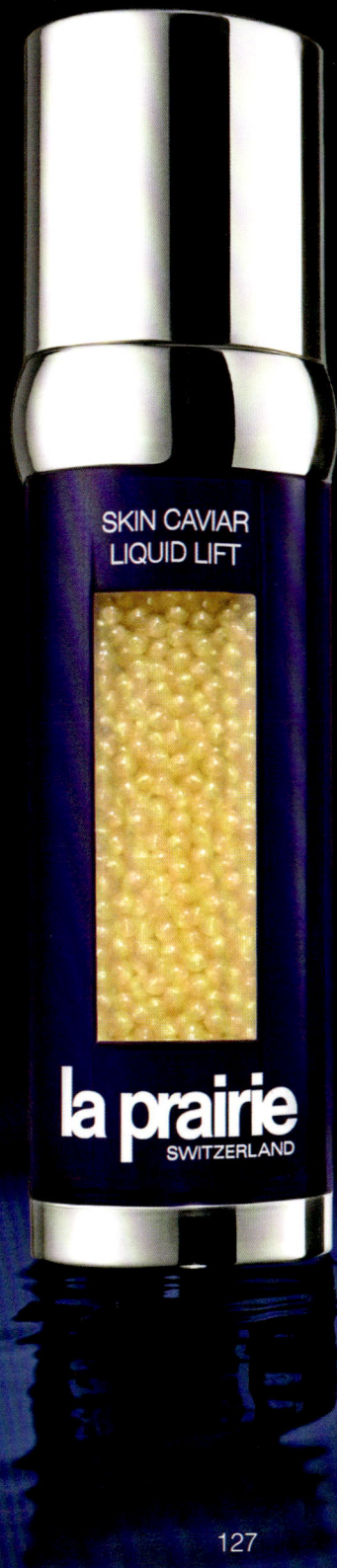

SKIN CAVIAR
LIQUID LIFT

la prairie
SWITZERLAND

品牌标识 >>>>>

英文字母"La Prairie"及下面一行小字"SWITZERLAND"。

经典作品 >>>>>

莱珀妮作为肌肤保养品中无可争议的领导品牌，引导着消费趋势，大胆地推出了鱼子精华护肤系列。作为化妆品界第一个运用珍稀鱼子的品牌，莱珀妮创造了一个奇迹，赢得了众多使用者的顶礼膜

拜。这一系列的产品均以鱼子精华、香槟、蜂蜜、小白花这些珍稀材料，配合其他活性成分，融入品牌最引以为豪的科技共同构成，从而帮助爱美人士紧致肌肤，提亮肤色，强效补水，焕发肌肤青春光彩。产品可以说集精湛艺术与先进科技于一身，鱼子精华系列高贵奢华，堪称美白与紧致肌肤的瑰宝之作，在呵护肌肤、关注身心等方面都力求完美，以满足使用者的高端诉求。

128

兰蔻
Lancome

中文名：兰蔻

外文名：Lancôme

创始人：阿曼达·珀蒂让

创建时间：1935 年

品牌国家：法国

所属集团：欧莱雅集团

产品系列：香水、护肤品、化妆品。

Trésor

珍爱 此刻

兰蔻珍爱香水

LANCÔME
PARIS

品牌故事 ▶▶▶▶

几乎每个具有悠久历史的品牌都是由一位勤劳且具有智慧的灵魂人物所创立，兰蔻也不例外。兰蔻的灵魂人物便是被后世誉为20世纪的"高级香水之父"的阿曼达·珀蒂让。兰蔻品牌的建立是一次郊游促成的。 1935年，阿曼达·珀蒂让到郊区游览，偶然发现一座废弃的古堡。古堡经年受风雨侵蚀的石墙上长出了芬芳玫瑰，这里的和谐、宁静深深吸引着阿曼达·珀蒂让。在阿曼达·珀蒂让眼中，没有什么比玫瑰花更能代表女性美。受此启发，他成立了一家生产香水的公司，而这家公司的名称兰蔻便是由那座古堡的名称变化而来。在兰蔻的初创期，崭新的产品和意念不断涌现，其中有代表性的是1926年推出的"La Nutrix"晚霜。1941年，阿曼达在逆境中求创新，兰蔻美容学院由此诞生。在女性就业选择不多的20世纪40年代，能在学院受训是很多女性梦寐以求的机遇，因为接受 9 个月的严格训练后，便会成为兰蔻的美容大使，到世界各地推广其产品，甚至建立专柜和美容院，一切全凭个人的创意与魄力。1964 年，经过家族的协议，兰蔻并入法国另一化妆品公司——欧莱雅，但仍然维持兰蔻的尊贵地位。欧莱雅为兰蔻注入了活力，精简产品之余，也把商标化为金黄色的玫瑰，成为兰蔻现代化的标志。凭着欧莱雅的雄厚资本，兰蔻终于在 20 世纪 70 年代初打入美国市场，使玫瑰的名字得以延续。

品牌标识 >>>>>

（1）Lancôme 的品牌名称源于法国中部的一座城堡 Lancosme，为发音之便，创始人用一个典型的法国式长音符号代替了城堡名中的"S"字母。今天，新加入的手写兰蔻签名，以更亲切、生动、感性的形式传达了兰蔻作为现代女性品牌代表的自信魅力。

（2）Lancôme 的标识为一朵带有细小枝叶的圆润丰满的玫瑰花，这是擅长绘画植物和庄园的著名画家赫杜特的杰作。

LANCÔME
PARIS

经典作品 ➤➤➤

　　兰蔻睫毛膏一直是彩妆界的热门单品，为了解决女性涂刷睫毛膏时的问题，兰蔻于 2015 年 1 月创新推出黑天鹅羽扇睫毛膏（防晕版），重新解构睫毛膏刷柄，推出业界首创天鹅颈 S 刷头「Swan-Neck™」，这是一款历时 3 年研究的革命性睫毛膏，符合人体工学，能精准贴近眼部轮廓，各角落的睫毛皆能从根部至顶端完美涂刷，轻松打造超广角羽扇美睫。

资生堂

SHISEIDO

品牌档案 》》》

中文名：资生堂

外文名：SHISEIDO

创始人：福原有信

创建时间：1872 年

品牌国家：日本

所属集团：资生堂集团

产品系列：护肤、彩妆、美发、香水等。

品牌故事

　　至今已有一百多年历史的资生堂集团，名字取自中国《易经》，"至哉坤元，万物资生，乃顺承天"，含义为"赞美大地的美德，她哺育了新的生命，创造了新的价值"。

　　集团旗下之同名品牌资生堂是亚洲最老牌的殿堂级化妆品牌，诞生于1872年东京银座。

　　1888年，资生堂推出第一款自制牙膏，因方便好用而取代了日本传统的牙粉。有红色蜜露之称的 Eudermine（来自希腊语"理想肌肤"，中国市场称为"红色蜜露"）化妆水是资生堂在1897年打开化妆品领域的处女作，一直延续至今。

　　令资生堂真正扬名的是福原有信的三儿子——福原信三，他曾留学美国哥伦比亚大学，并偏爱软性的艺术，还特别去法国学习摄影。福原信三把法式艺术气氛及美式营销技术根植资生堂，奠定了品牌的国际性。1916年开始，资生堂的飞鹰标记改为较女性化的山茶花。从20世纪30年代开始，海报强化了女性气质，日本的温婉细媚在西式艺术构图下呈现了暧昧又与众不同的资生堂品牌形象，以至今天还能找到蛛丝马迹。

SHISEIDO

SHISEIDO

1968 年资生堂登陆意大利，成为资生堂进入欧洲市场乃至西方市场的试金石。1981 年资生堂进入中国。1991 年与北京丽源公司成立合资公司，分享资生堂集团姐妹品牌的专利科技，1994 年推出欧珀莱，针对中国女性、中国气候、中国消费程度设计生产，秉承资生堂的"高品质、高服务、高形象"，因定位准确而获销售佳绩。

品牌标识 ▶▶▶▶

英文字母 SHISEIDO；最早的商标和公司名称 SHISEIDO 都是福原有信的儿子福原信三设计的，当年的商标为山茶花图形，经过演变后现已不再使用。SHISEIDO 的字母也几经演变。

WHITE LUCENT

　　红色蜜露是 1897 年资生堂发售的第一款化妆品，经过一个多世纪的发展，每一时期的产品都采用了当时最新的研究成果，为不同国家、不同年代的女性所深爱。它代表着资生堂的发展，也是资生堂品牌与美学理念最生动的象征。红色蜜露精华化妆液晶莹剔透，柔滑滋润，令肌肤柔美润泽，焕发青春朝气。

≫≫≫ 美的极致，爱的永恒。

卡地亚
Cartier

中文名：卡地亚

外文名：Cartier

创始人：路易斯·弗朗索瓦·卡地亚

创建时间：1847 年

品牌国家：法国

产品系列：饰物、钟表、皮具、香水、笔、丝巾、眼镜、打火机等。

1847 年，路易斯·弗朗索瓦·卡地亚（Louis Francois Cartier）从师傅手中接下了珠宝工坊，并以名字缩写字母 L 和 C 环绕成心形组成的一个菱形标志，注册了卡地亚公司。

36 岁时，他受到与当时宫廷十分熟络的纽沃盖克伯爵夫人的欣赏，伯爵夫人陆陆续续买了 55 件卡地亚珠宝之后影响了马蒂公主（拿破仑一世的侄女），马蒂公主也开始成为他的客人。后来，越来越多的皇家客人上门，1904 到 1939 年间，卡地亚得到了欧洲皇室的 15 张委任状。英国国王爱德华七世甚至赞誉卡地亚是"皇帝的珠宝商，珠宝商的皇帝"。

卡地亚珠宝史上最传奇的客人非温莎公爵（英国国王爱德华七世的孙子）莫属了。他不爱江山爱美人的浪漫举动，让他成为当时的传奇。1948年，温莎公爵向卡地亚订制了一只美洲豹造型的别针，白金制成的身上镶满钻石与蓝宝石的美洲豹站在一块116.74克拉的祖母绿上。同年，温莎公爵又订制了另一只镶在152.35克拉蓝宝石上的美洲豹，这些都是送给温莎公爵夫人的礼物。

当时，为了和温莎公爵夫人争夺"全球最佳衣着女性"的头衔，费洛斯夫人也为自己订制了一只镶着钻石、蓝宝石的美洲豹珠宝，这让美洲豹珠宝风行一时。

而这只由卡地亚所设计，姿态优美又神秘难驯的"美洲豹"，后来成为卡地亚珠宝史上重要的象征之一。如今，卡地亚已经成为全球最为顶级的奢华珠宝腕表品牌，是珠宝和钟表领域中的领导者。

品牌风格 ▶▶▶

　　用精致的手工实现有如钻石般恒久魅力的设计。延伸"Panthere 豹"珠宝系列而设计出的豹形皮件系列，线条流畅，手工精致，使"豹"成为卡地亚的经典之一。20 世纪 70 年代，卡地亚推出的一款"锁"手环风靡一时，用保存在恋人手中的特制螺丝起子才能开启。卡地亚既是上流社会身份的象征，也是恒久恋情的极佳信物。

（1）三环戒指：三环戒指被用到卡地亚很多商品的设计上，此三环代表着爱、忠诚、友谊。

（2）豹：频繁出现在卡地亚的商品上，尤其是受到温莎公爵夫人喜爱而闻名于世的 Panthere 系列。LAKADA 美洲豹系列更是栩栩如生。

（3）C 字母：卡地亚的第一个字母"C"，各类产品细节的重点装饰。

经典作品 ▶▶▶

　　20 世纪 20 年代，路易·弗兰科斯·卡地亚为好友著名诗人让·谷克多设计了造型独特且富有创新的卡地亚三环戒指，三个金环相互环绕在一起象征着友谊（白金）、忠诚（黄金）和爱情（玫瑰金），这是卡地亚对永恒不变的爱的完美演绎。它已成为世界上最负盛名的戒指之一，同时也是卡地亚的灵感源泉和品牌标记。紧密联系的三环完美演绎了品牌精髓，犹如纯朴温柔的友情，象征着世代的未来，展现于无名指上的盟定，一个刻有奇异独特、神秘梦幻与恒久永远的全新系列，塑造出极致的感性。"一切永远陪伴你"，一个传奇，一枚戒指。

梵克雅宝

Van Cleef & Arpels

品牌档案

中文名：梵克雅宝

外文名：Van Cleef & Arpels

创始人：阿尔弗莱德·梵克、查尔斯·雅宝、朱利安·雅宝

创建时间：1906 年

品牌国家：法国

产品系列：珠宝、手表、香水等。

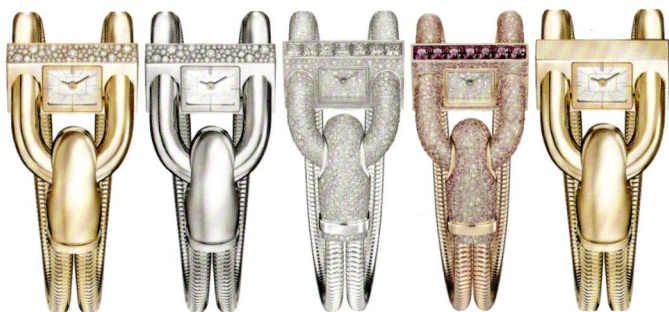

品牌故事

　　与其他的珠宝品牌不同，它的创始不是来自一个人，而是源于一段动人的爱情故事。1896年，艾斯特尔·雅宝和阿尔弗莱德·梵克于巴黎喜结良缘，这段传奇的姻缘奠定了一个伟大品牌的诞生。

　　1906年，在家人的全力支持下，对珍贵珠宝满怀热忱、敢于接受挑战的阿尔弗莱德·梵克与艾斯特尔·雅宝的两个兄弟查尔斯·雅宝和朱利安·雅宝合作，他们以梵克雅宝作为营业登记之名，在尊贵的巴黎凡顿广场22号设立了他们的第一家珠宝精品店，从此翻开了梵克雅宝发展史的第一个篇章。

　　1930年，梵克雅宝发明了满载女性柔情的百宝匣。这是现代化妆箱的始祖，特别被注册成专利商标，其中可摆放各种随身小件，内里镶嵌风景、花卉或中国文玩图案，造工之精湛可媲美18世纪典丽家具。

1933 年，梵克雅宝发明了隐蔽式镶嵌法，这种镶嵌工艺让宝石紧密地排列在一起，其间没有任何金属或镶爪，而是运用轨道一般的手法，把宝石切割成同样大小，再一个个套进去，其呈现的效果是令宝石贴合肌肤，随着肢体呈现出多角度不同的光泽。这种巧夺天工的镶嵌技术让梵克雅宝从此傲然于世，且至今仍是梵克雅宝的最大标志。

梵克雅宝以多样的珠宝材质和顶级的工艺技术，融合匠心独运的设计创意来向世人展现和诠释何谓绝对的完美。即使过了一个世纪，梵克雅宝的创作依旧历久弥新，动人如昔。

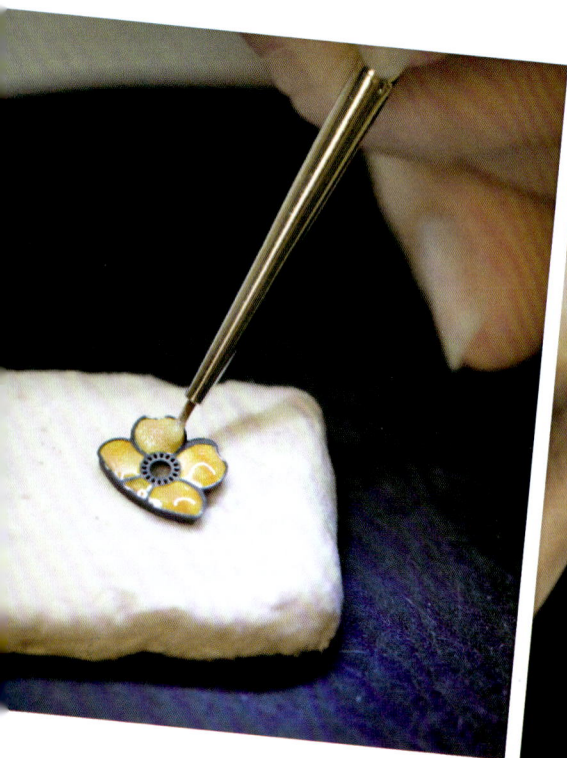

品牌风格

　　除了制作技术一流，梵克雅宝的创作风格也含蓄又鲜明。那些花卉形高级梵克雅宝珠宝，充分体现了它崇尚自然的理念，同时充满了女性化的妩媚。

品牌标识

　　"Van Cleef & Arpels"字母以及内含品牌首字母 VC 和 A 的菱形符号。

Van Cleef & Arpels

Van Cleef & Arpels

Haute Joaillerie, place Vendôme since 1906

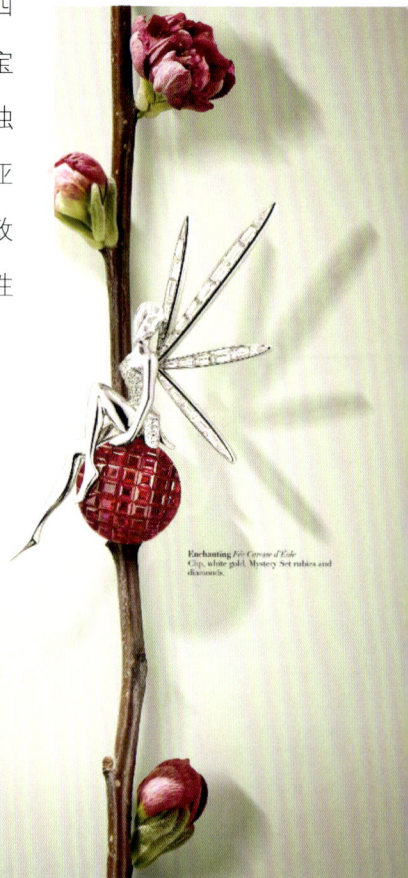

经典作品 ▶▶▶

　　梵克雅宝以莎士比亚的《仲夏夜之梦》为创作灵感，复活了一个充满神秘魅力的"珠宝花园"；并以莎士比亚浪漫诗句为名，缔造出一个小仙子与小精灵居住的梦境国度：四周是浪漫而神秘的树林、令人心醉的天与地。钻石及珍贵宝石精密配合制成的 Folie des Pres 系列，将设计师的匠心独运表露无遗。梵克雅宝以仲夏夜之梦系列诠释了对莎士比亚经典之作的独特理解。迷人的小仙子修长性感，扇动着精致至极的双翼，姿态优雅。对于梵克雅宝而言，它们就是女性娇柔之美的象征。

Van Cleef & Arpels

Haute Joaillerie, place Vendôme since 1906

△VC✦A△

Enchanting *Fée Cavan d'Eole* Clip, white gold, Mystery Set rubies and diamonds.

宝诗龙

Boucheron

中文名：宝诗龙

外文名：Boucheron

创始人：弗莱德里克·宝诗龙

创建时间：1858 年

品牌国家：法国

产品系列：珠宝首饰、手表、香水。

BOUCHERON

品牌故事 ▶▶▶

　　宝诗龙（Boucheron）是古驰集团旗下的珠宝公司。1858 年，年仅 28 岁的设计师弗莱德里克·宝诗龙创立了自己的品牌，并在巴黎最时尚的皇家宫殿区开设了一家精品店，销售贵重的珠宝首饰、腕表和香水。1887 年，世界最著名的珠宝拍卖在法国巴黎罗浮宫拉开帷幕，弗莱德里克·宝诗龙一举拍得最著名的两颗马扎林钻石，他将钻石镶在戒指上送给妻子，表达自己永恒的爱。自此，宝诗龙成为代表真心挚爱的代名词，更带出了"最执着疯狂陷入爱情的男人都要在宝诗龙选择订婚戒指"的传统。

　　在 1900 年巴黎万国博览会上，宝诗龙一鸣惊人，获得如下评语："胆识过人、战绩彪炳的冠军，总是令人目不暇接、甘拜下风，整个珠宝界应以它为荣。" 1928 年，印度巴脱亚拿邦大公委托宝诗龙将他个人拥有的皇家珠宝——六箱珍贵的宝石与珍珠一并设计成首饰，宝诗龙的东方攻略正式开始。

21世纪，宝诗龙始终坚持品牌独特的传统内涵，不但成为大胆奢华的现代珠宝首饰的翘楚，更是世界上为数不多、始终保持精湛工艺和传统风格的珠宝制造商之一。

品牌风格

往往从俄罗斯芭蕾、立体派、装饰艺术和非洲艺术中汲取设计灵感，因其完美的切割技术和优质的宝石质量闻名于世；崇尚自然造型的大胆新艺术风格，是时尚的代言，奢华、张扬、妩媚多姿。

品牌标识

宝诗龙（Boucheron）的珠宝系列中包含白钻、彩钻、祖母绿、红宝石、蓝宝石和各种类型的珍珠。由于蓝色是Boucheron的标志性色彩，代表永恒，所以蓝宝石是宝诗龙最钟爱的宝石。

　　宝诗龙 Trouble Desir 系列羽毛项链——羽毛这一充满
幻想与美好元素的珠宝，以钻石或各色宝石等珍贵材质打造，
璀璨夺目却不失柔美轻盈之姿。稀有色泽的珍珠和顶级美钻
将此细腻婉转的羽毛娓娓演绎，每一根羽毛的尾端都摇曳出
钻石的光芒。

宝格丽

Bvlgari

中文名：宝格丽

外文名：Bvlgari

创始人：索蒂里奥·宝格丽

创建时间：1884 年

品牌国家：意大利

产品系列：珠宝、香水、手表、酒店等。

宝格丽起源于一个从土耳其大屠杀中逃生的希腊银匠。1870 年，宝格丽集团创始人索蒂里奥·宝格丽和父母不堪忍受希腊大陆弥漫着的暴力气息，选择逃离，来到科孚岛。后来，索蒂里奥在意大利产生了创作的灵感，开设了一系列银饰小店，出售项链、纽扣等物品。20 世纪伊始，索蒂里奥在罗马 Via Condotti 10 号开设了店面，这也在后来的近一个世纪成为宝格丽品牌的总部。1934 年，索蒂里奥去世后，他的两个儿子将 Via Condotti 10 号的店面修葺一新后重新开业，把家族生意从银饰扩大到各种珠宝首饰，并把品牌名称改为宝格丽，开始在纽约、日内瓦、蒙特卡罗等地开设海外公司，并在瑞士成立了宝格丽手表公司。后来，香水与珠宝也成为宝格丽的产品之一。

20 世纪的头几十年，在欧美珠宝界中，以法兰西风格最为盛行，首饰的题材和选料都有一定规矩。第二次世界大战之后，宝格丽率先打破了这一传统。宝格丽源自希腊，自然受到经典希腊文化的熏陶。宝格丽的珠宝首饰体现了希腊与意大利古典风格，每一款首饰都经过设计师与工匠的精心雕琢，并以此赢得了世界性的口碑。

时至今日，宝格丽还一直保有作坊形式的生产，这使得其作品既有精致的手工感，又兼备深厚的艺术工艺气息，具有颇高的收藏价值。

品牌风格

宝格丽的设计风格大胆独特、尊贵古典。均衡地融合了古典与现代特色，突破传统学院派设计的严谨规条，以希腊式的典雅、意大利的文艺复兴及 19 世纪的冶金技术为灵感，创作出宝格丽的独特风格。

品牌标识

清楚明了的大写字母 BVLGARI 就是宝格丽最简洁的品牌标识。珠宝、手表、香水及配件中都可以看见 BVLGARI 图形的影子，这也是消费者选购 BVLGARI 精品的重要指标之一。

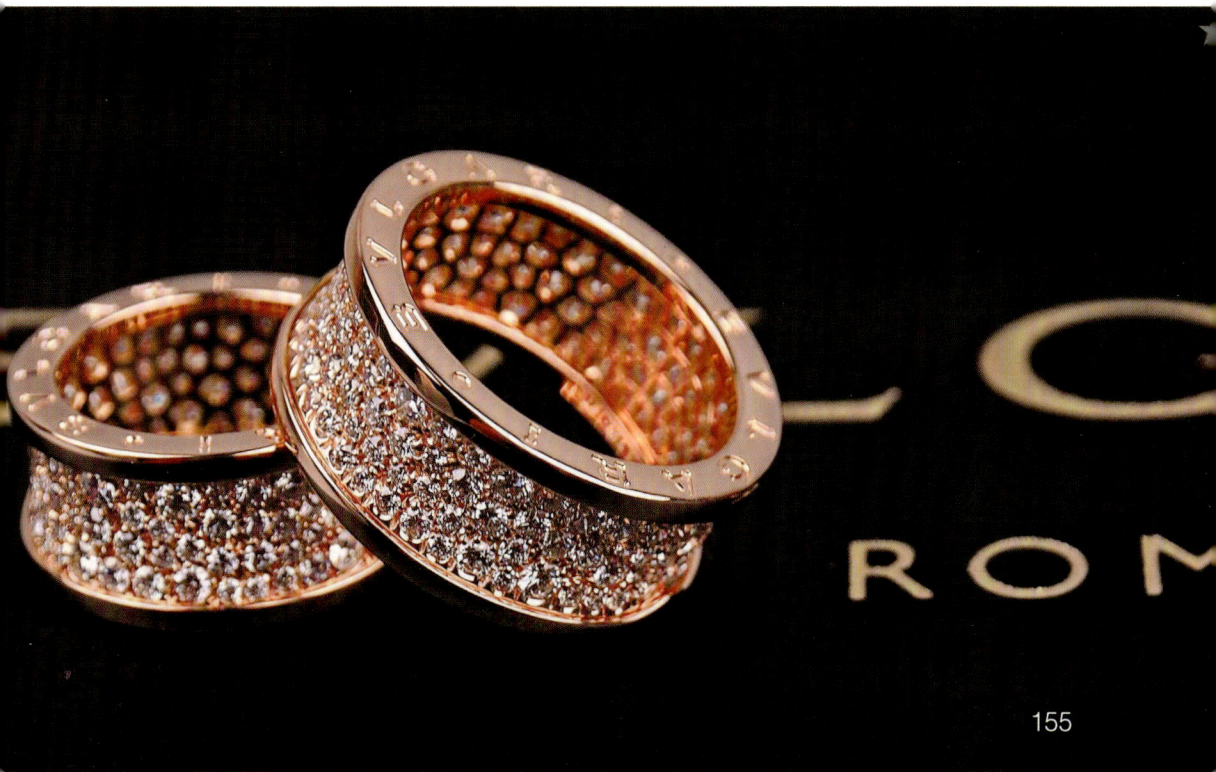

经典作品

　　宝格丽 B．Zero1 系列珠宝结合珍贵创新材质与独特设计，创造出融合古典与现代的华丽风格。B．Zero1 系列手镯创意独辟蹊径，超越时间与流行的洪流，具备了宝格丽风格的所有基本元素——中央螺旋造型、两侧双环的双宝格丽标识印刻，可弹压、弹动的设计灵感源自经典旋管，兼具趣味与优雅，最为适合喜爱低调奢华的女性，属于宝格丽珠宝中的必备单品。B．Zero1 系列婚戒中央为一枚明亮的切割钻石，戒指带有独特的双宝格丽标识，是独创新颖、独具现代感的订婚戒指。B．Zero1 的单环戒指已成为经典的结婚戒指，该款黄金戒指共有三种材质可选。

蒂芙尼
Tiffany

品牌档案

中文名：蒂芙尼

外文名：Tiffany

创始人：查尔斯·路易斯·蒂芙尼

创建时间：1837 年

品牌国家：美国

产品系列：珠宝、银器、纪念品等。

品牌故事

美国康涅狄格州一位磨坊主的儿子 Charles Lewis Tiffany 于 1837 年来到纽约百老汇，开设了一家不起眼的小铺，经营文具和织品，第一天的销售总额是 4.89 美元。蒂芙尼的每一件货品都标明"铁价不二"，此举成为当时的重大新闻。后蒂芙尼转为经营珠宝首饰。想不到多年之后丑小鸭变成了白天鹅，简陋的小商店几经变迁，最终成了美国首屈一指的高档珠宝商——蒂芙尼珠宝首饰公司。其实力堪与欧洲的珠宝王朝一争高下，名声甚至超过了当时巴黎的名牌卡地亚。

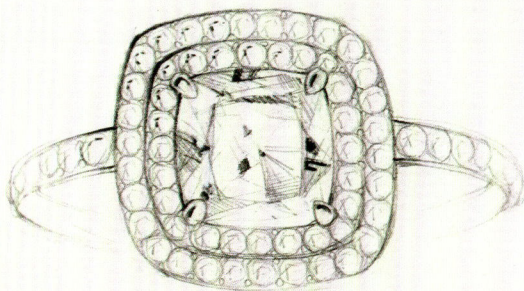

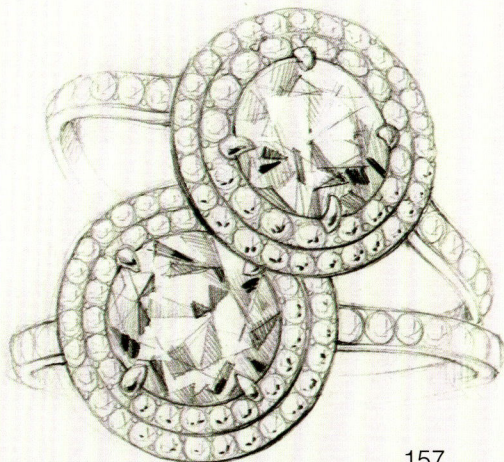

经典设计是蒂芙尼作品的定义，也就是说，每件令人惊叹的蒂芙尼杰作都可以世代相传。蒂芙尼的设计从不迎合起起落落的流行时尚，因此它也就不会落伍，因为它完全凌驾于潮流之上。19世纪末，蒂芙尼的顾客包括了英国维多利亚女王、意大利国王以及丹麦、比利时、希腊和美国众多名声显赫的百万富翁，查尔斯则赢得了"钻石之王"的称号。

Louis Comfort Tiffany（查尔斯·蒂芙尼的儿子）领军积极参与世界盛会，并夺下了多项金牌而闻名于世。1979年，John Loring受聘为蒂芙尼第三代设计总监，他网罗众多知名设计师加入，成功带领蒂芙尼成为世界知名珠宝品牌。

品牌风格

　　设计突出浓郁的美国特色，以简约、鲜明、率直的线条，表达冷峻、超然、震撼心灵的设计思想。每一款珠宝都有属于自己的精神空间，体现出优雅的协调性，比例和线条均自然和谐。每件作品，无论是精致耀眼还是沉稳内敛，都能使你感受到美国人在珠宝文化园地中所表现出的理念与智慧。

品牌标识

（1）蒂芙尼创立不久就设计了束以白色缎带的蓝色包装盒，成为其著名标志。19、20世纪之交，蒂芙尼品牌首次使用不锈钢首饰盒，并强调要银色，不要金色。

（2）有TIFFANY & CO.的字样，每款还会有设计者的名字和这款银饰的名字。

经典作品

"蒂芙尼传奇黄钻"已为宝石学家、历史学家收藏者所熟知。1878年，蒂芙尼创始人查尔斯·路易斯·蒂芙尼成功购得金伯利钻石矿在南非开采出的重达287.42克拉的黄钻原石，并为蒂芙尼赢得世界级钻石权威的国际盛誉。宝石学家乔治·弗雷德里克·坤斯博士用了长达一年的时间研究黄钻原石才展开切割工作，此次切割在传统明亮式切割基础上增加了24个切面，枕形切割的"蒂芙尼传奇黄钻"重达128.54克拉，拥有前所未见的82个切面，绽放出纯粹深厚的明黄色光芒，成为蒂芙尼每一枚黄钻的标准与灵感之源。

TIFFANY & CO.

始创于 1886 年的著名六爪镶嵌白金戒指，代表精湛的工艺，也象征了爱情的唯美，至今仍是世界上闻名遐迩的戒指款式之一。1999 年，在独创六爪镶嵌法 114 年后，蒂芙尼又推出了最新款的订婚钻戒——Lucida（拉丁文的意思是银河的星星）。这款钻戒上的钻石呈方形，线条简洁迷人；钻石冠部采用的分层切割更具层次感，不仅静止时内外散发璀璨光芒，移动时更是流光溢彩。这种新颖的原创镶嵌设计让蒂芙尼获得了专利技术，堪称融合前卫与经典的珠宝绝技。

尚美

Chaumet

品牌档案

中文名：尚美

外文名：Chaumet

创始人：马里·艾蒂安·尼铎

创始时间：1780 年

品牌国家：法国

产品系列：顶级珠宝、高级腕表等。

品牌故事 >>>>>

　　法国最具贵族气息的珠宝品牌尚美的创始人是马里·艾蒂安·尼铎，他于1780年在法国巴黎开设了一家珠宝店，并且很快得到了一批贵族客户的青睐，而真正使他声名鹊起的是在1802年成为拿破仑的御用珠宝商之后。尼铎不仅为拿破仑铸造了加冕仪式上佩戴的皇冠和御剑，恰如其分地表现了帝国的强盛和皇帝的威严气势，还为约瑟芬等皇室女眷制作了无数华丽的首饰。1804年，约瑟芬加冕时，尼铎为其制作了著名的月桂枝叶后冠，展现出高贵的气质和独特的贵族品位，成为设计史上的典范之作。19世纪初，尼铎制作的后冠及其他冕状头饰成为王权与等级的象征，被誉为"皇族印记，冠中之杰"。

1815 年拿破仑帝国衰落后，尼铎的儿子弗朗索瓦·雷诺·尼托离开了珠宝界，并把其业务转让给了他的首席珠宝匠让·巴普蒂斯特·弗森，弗森的儿子让·威廉·摩雷也随即加入。他们从意大利文艺复兴和法国 18 世纪艺术中寻找灵感，创作了多款颇具浪漫主义风格的珠宝首饰，深受当时社会名流的喜爱。

1880 年，让·威廉·摩雷的女婿约瑟·尚美继承经营权后，他以自己的姓氏作为品牌名称，使"尚美"作为一个顶级珠宝品牌的代表开始名传于世。进入 20 世纪后，尚美率先创出以白金镶嵌宝石的皇冠制作方法，令名贵的宝石更为突出。此时的尚美逐渐走出宫廷皇室，开始被更多绅士、名媛们拥有，尚美从此拥有了一代又一代的忠实顾客。

品牌风格 ▶▶▶▶▶

美丽、高贵、浪漫，无限创意与新颖风格完美结合。

品牌标识 ▶▶▶

大写字母 CHAUMET 就是尚
美最简洁的品牌标识。

CHAUMET
PARIS

经典作品 ▸▸▸

　　尚美品牌从开创至今为皇室和贵族制作了 1500 多个冠冕，从未停止过创新。尚美每次推出新系列的同时，也是向世人展示珍藏冠冕的机会。可以说，冠冕就是尚美独有的标志之一，也是属于尚美的尊贵传承之一。

Part **6** 奢华手表——钟情时刻

》》》 手腕上的奢华，艺术与技术的完美融合。

百达翡丽

Patek Philippe

品牌档案

中文名：百达翡丽

外文名：Patek Philippe

创始人：安东尼·百达、简·翡丽

创建时间：1839 年

品牌国家：瑞士

产品系列：Calatrave 系列古典表、Nautilus 系列运动表、Golde Ellipse 系列名表、Flamme 系列女装表、Gondolo 名表。

品牌故事 ➤➤➤➤

百达翡丽（Patek Philippe）的创始人安东尼·百达（Antoine Norbert de Patek）原为 1831 年波兰反抗俄国统治的革命者。波兰革命失败后他逃往法国，后在瑞士日内瓦定居，开始从事钟表业，1839 年开设了百达钟表公司。1844 年，安东尼·百达与简·翡丽（Jean Adrien Philippe）在巴黎一个展览会中相遇，当时简·翡丽已经设计出表壳很薄，而且上链和调校都不用传统表匙的袋表。这种袋表在展览会上甚受漠视，而安东尼·百达却深为其新颖的设计所吸引。两人经过一番交谈，立即达成合作意向，就这样，简·翡丽加盟了百达公司。1851 年，百达公司正式易名为百达翡丽公司。

1932 年，表盘制造商让·斯特恩和查尔斯·斯特恩两兄弟购入百达翡丽公司，Calatrava 系列腕表问世。

一百多年来，百达翡丽在钟表技术上一直处于领先地位，拥有多项专利。其手表均在原厂采用手工精制而成，坚持品质、美丽、可靠的优秀传统，百达翡丽以其强烈的精品意识、精湛的工艺，源源不断地创新缔造了举世推崇的钟表品牌。

品质，美丽，可靠。

　　百达翡丽的厂标由骑士的剑和牧师的十字架组合而成，也被称作"卡勒多拉巴十字架"。它的由来是：1185年，西班牙一个叫卡勒多拉巴的城市受到摩尔人的侵略，勇敢的牧师雷蒙德和骑士迪哥·贝拉斯凯斯率领民众进行殊死抵抗，最终把摩尔人赶走。牧师（十字架）和骑士（剑），合在一起便成为庄严与勇敢的象征。这象征正好代表着安东尼·百达与简·翡丽合作的精神。这个厂标从1857年便开始使用，延续至今。

百达翡丽型号 5002 的出现，无疑令一众追求尖端高性能及复杂型号的藏家们趋之若鹜。集 12 项复杂功能，第一枚双面腕表，表面是复杂的三问、陀飞轮、万年历；表背是月相盈亏、星体走向的苍穹图，但此美妙设计，局限于表身背面，未能随意欣赏。百达翡丽于 2002 年推出型号 5102，就体现了随意欣赏这个要求。 表盘上完全复制北半球的夜空，显示星体走向和月亮运转轨迹及月相盈亏，星体以北半球最耀眼的六颗小星星构成的天狼星座为例。在百达翡丽设计师们与日内瓦天文台专家们的紧密合作下，天体的运动才得以呈现眼前，达到如此深具美感而精确的程度。

171

江诗丹顿

Constantin

品牌档案 ▶▶▶▶

中文名：江诗丹顿

外文名：Constantin

创始人：让·马克·瓦什隆

创建时间：1755 年

品牌国家：瑞士

产品系列：江诗丹顿海外系列、江诗丹顿历史系列、江诗丹顿基本系列。

品牌故事 ▶▶▶▶

　　作为世界上历史最悠久的钟表制造商，江诗丹顿同时还是一个全面的钟表制造商，全盘掌控着从机芯研发、表型构思、零件设计到手工完工一系列的制表工艺。江诗丹顿传承瑞士传统制表精华的同时也创新了许多制表技术，对制表业有莫大的贡献。

　　1755 年，让·马克·瓦什隆成立了世界上第一家表厂，也就是江诗丹顿的前身。1819 年，让·马克·瓦什隆的孙子和费朗索瓦·康斯坦丁携手合作，开拓了表厂的全球市场，表厂也正式更名为江诗丹顿（Constantin）。

　　1839 年，江诗丹顿邀请乔治·奥古斯特·莱斯乔特担任公司技术总监，自此改写了公司及整个钟表界的历史。莱斯乔特不仅是一位机械天才，且拥有非凡的远见和丰富的想象力。他设计出首部可以重复大量生产多种钟表零件的仪器——Pantograph，为整个瑞士制表业带来突破性改革。

　　历经 260 多年的时光淘洗，如今，江诗丹顿俨然为"时间"的同义词，更是爱表人士眼中无可取代的腕上艺术品。

品牌风格 >>>>>

完美细节和精美外观的和谐统一。

品牌标识 >>>>>

江诗丹顿的标识是马耳他十字（Maltese Cross）。马耳他十字标识在历史上曾是医院骑士团以及马耳他骑士团使用的符号，形状由四个"V"字组成，设计灵感来源于第一次十字军东征时所使用的十字标志。此外，在手工制表时代用来调整发条松紧的精密齿轮的形状和马耳他十字的形状相似，所以它也成为优越技艺和手工制表传统的象征。从1755年起，江诗丹顿所制造的每只表，都分别有机件内部及表身编号。

经典作品 >>>>>

　　江诗丹顿第一枚全镂雕机芯在 1924 年面世，但品牌创始人让·马克·瓦士隆（Jean-Marc Vacheron）早在 1755 年制造的首枚时计就已配备镂雕摆轮夹板，印证品牌一直是此领域的先锋。

爱彼
Audemars Piguet

品牌档案 >>>>

中文名：爱彼

外文名：Audemars Piguet

创始人：朱尔斯·路易斯·奥德莫斯、爱德华·奥古斯蒂·皮捷特

创建时间：1875 年

品牌国家：瑞士

产品系列：高级腕表。

品牌故事

　　爱彼（Audemars Piguet）创立于 1875 年瑞士，在腕表界的地位丝毫不输江诗丹顿，是世界最顶级的手表品牌之一；产表价格从 10 万元到 400 万元都有，最顶级的可达 800 万元。在 1889 年举行的第十届巴黎环球钟表展览会中，爱彼参展的 Grand Complication 陀表，具备问表、双针计时器及恒久日历功能。精湛设计引来极大回响，声名大噪，享誉国际，为爱彼在表坛树立了崇高的地位。此后爱彼腕表获奖无数，时至今日，爱彼在 Audemars 与 Piguet 家族第四代子孙的领导下，成就骄人，深获钟表鉴赏家及收藏家的推崇，成为世界十大名表之一。"皇家橡树"系列是爱彼的经典款，也是施瓦辛格的爱表。

爱彼表在每一只表后刻上制造者的名字，以示负责保证。为维持瑞士作为钟表王国的美誉不辍，在瑞士设有钟表学校，以培养钟表界所需的钟表人才。一个学徒必须在钟表学校中先修完四年的课程，才能取得合格钟表匠的资格。不过若要成为一个爱彼表厂的师傅，则必须要再多花两年时间，才有资格被派到超薄机械部门工作。爱彼表厂坚持以"老师傅的一双手"来打造手表的传统，百年如一日。爱彼的售后服务在世界各名牌表厂中相当知名，即使是零件已经停产二十年，只要查询存有制造数据，爱彼表厂仍可以为客户修护，达到品质世代保证的目的。

品牌风格 >>>>>

精益求精，尽善尽美。

品牌标识

爱彼的标识 AP 是取创始人朱尔斯·路易斯·奥德莫斯（Jules-Louis Audemars）和爱德华·奥古斯蒂·皮捷特（Edward-Auguste Piguet）两人姓的第一个字母"A"和"P"组成。

AP
AUDEMARS PIGUET
Le maître de l'horlogerie depuis 1875

经典作品

1972 年，以英国海军战舰皇家橡树（Royal Oak）为名而设计的八角形手表十分成功，近四十年来不断在这款设计上加入爱彼制造的各类复杂装置，例如陀飞轮、两针、万年历等，也有加入石英自动运行装置的机芯。因为款式独特，设计繁多，Royal Oak 很快便成为爱彼的标志和最受欢迎的设计。

宝玑
Breguet

品牌档案 >>>>

中文名：宝玑

外文名：Breguet

创始人：亚伯拉罕·路易·宝玑

创建时间：1775 年

品牌国家：瑞士

产品系列：Classique（经典）系列、Marine（航海）系列、Heritage（传承）系列、Reine de Naples （那不勒斯皇后）系列、Tradition Breguet（传统）系列。

品牌故事 >>>>

亚伯拉罕·路易·宝玑生于瑞士，自幼就显示了对复杂机械的非凡天赋。自 17 岁起，在巴黎开始制造钟表，不久，他的才华及蓬勃的发明能力便崭露锋芒，并获得当时的文艺倡导者法国国王路易十五的赏识。1775 年，宝玑在巴黎创立了首间钟表店。

宝玑在钟表业各方面都取得了优越成绩，一开始即一鸣惊人，屡创新猷。如于1780年推出的自动手表，及后又发明了大大减少自鸣表阔度的鸣钟弹簧，以及世上第一个手表防震装置，令手表不再容易受损，性能更加可靠，深受法国国王路易十六及皇后玛丽·安东尼赞赏。

科学家爱因斯坦和作曲家柴可夫斯基曾是宝玑的忠实用户。许多人称宝玑为"表王"，说宝玑是"现代制表之父"是恰如其分的。

▶ **品牌风格** ▶▶▶▶

简洁，精致，完美。

品牌标识 >>>>>

（1）宝玑的品牌象征就是蓝钢宝玑针。1783年，宝玑先生设计了这个近末端四分之一处有镂空圆点的指针，这枚小小的"蓝钢宝玑针"一直沿用了200多年，并成为宝玑最富特色的外表设计之一。

（2）6点位置备有机械陀飞轮装置，表带、表扣均有BREGUET标识。

（3）每一只宝玑表都有一个独一无二的编号。

经典作品 >>>>>

　　宝玑的 Tradition 系列是个梦幻般的款式，对于宝玑而言，传统与创新同在，当前已经进入高品质制表创作的范畴。在 2011 年巴塞尔表展上，该系列又新增了搭载 507DR 机芯的 40 毫米表径款式：7057。此次推出的 7057 腕表共有 3 款，其中一款采用 18K 白金表壳，搭配烟灰色 NAC 装饰机芯。另外两款采用 18K 玫瑰金表壳，分别搭配玫瑰金装饰机芯或烟灰色 NAC 装饰机芯。这种烟灰色 NAC 机芯表面装饰是通过电镀形成一种烟灰色的铂族贵金属合金沉淀而成。3 种款式的手表均以其独特的方式，以超现代化的形式或更加传统的形式，突出了 7057 微型机械巨作的技术架构。事实上，不管是创新还是传统，Tradition 系列都注定要成为宝玑不可逾越的经典之作。

积家

Jaeger Lecoultre

品牌档案 》》》》

中文名：积家

外文名：Jaeger Lecoultre

创始人：安东尼·拉考脱

创建时间：1833 年

品牌国家：瑞士

产品系列："翻转表" Reverso 系列、Master 系列。

品牌故事 ≫≫≫

　　积家的创始人安东尼·拉考脱是一位能工巧匠，他发明了能够将测量的准确度精确到 1/1000 毫米的"微米仪"，使钟表零件的加工精度大大提高，1833 年决定自立门户。在短时间内，他又陆续推出十数种崭新发明，以及数百项独家专利，让瑞士钟表工艺在全球大放异彩。

　　70 年后，创始人的孙子——戴维·拉考脱与法国精密航海计时器制造商爱德蒙·积家达成了合作关系，建立了现在的积家表厂。

　　积家拥有多不胜数的钟表设计专利，为世界钟表的发展做出了巨大贡献。世界第一只采用表冠上链装置的手表，以积家表的名义面世。20世纪初，积家公司为马球运动员设计了防震、耐冲击的"翻转表"系列，这种表很快风靡世界，至今热度不减。因为设计独特，更多的女士也热衷"翻转表"系列，此系列成了积家的一个招牌系列。1953年，英国女皇伊丽莎白二世戴上了一只积家全白金镶嵌钻石的2令表。1982年，积家公司研制开发的"ATMOS"钟创造了积家的又一辉煌。1992年，积家制造出创吉尼斯世界纪录的微型机芯2令表（1令=2.256毫米），再次震动了钟表界。

　　因出色的质量、创新的概念及细腻的做工，使得积家钟表成为业界中的佼佼者。

品牌风格 ▶▶▶▶

精雕细琢，非凡典范。

品牌标识 ▶▶▶▶

积家的品牌标识是由字母"J"和"L"组成的"JL"图案。

1931 年，当时驻扎在印度的英国军官们渴望得到一款能够在激烈的马球比赛中使用的腕表。这是一项艰巨的挑战，但积家所设计的可翻转表壳，简单巧妙地解决了这个难题，做到了保护表盘免受撞击，同时表背上还可以镌刻个性化图案。这款腕表一经问世，便立即令钟表爱好者及装饰艺术美学家欣喜若狂，成为一款永恒的经典之作。自诞生至今，Reverso 翻转腕表不断推陈出新，在呈现多种风貌的同时，亦保持其独特风格。

伯爵
Piaget

中文名：伯爵

外文名：Piaget

创始人：乔治·伯爵

创建时间：1874 年

品牌国家：瑞士

产品系列：珠宝、腕表。

PIAGET
伯爵手表

品牌故事 》》》

　　1874 年，乔治·伯爵在瑞士勒阁亚法斯建立了制表工作室，将自己的 14 个孩子组织起来为其他制表公司生产手表机芯，同时将自己的创作及发明才华转移到设计及生产机械腕表的运转装置，并开始以"伯爵"的品牌生产成品表于本地市场销售。让人没有想到的是，许多对乔治·伯爵制表技术和设计才华的称赞不断传开，制表订单也源源不断，因而打开了伯爵表的创始之路。伯爵很快成为首屈一指的制造商。

第二次世界大战之后，第一只标有伯爵标志的完美腕表终于面世。经由伯爵制表工匠精心研究而创造的超薄九线运转装置，至今仍是机械腕表系列的主要设计依据。由于伯爵表精良的品质，很快树立起良好的品牌形象。

伯爵表一直以超薄机芯闻名于世，乔治·伯爵的孙子——华伦太就是世界首创超薄机芯的主要推动者。这项创新很快成为伯爵表的标志元素，同样，这项经过不懈努力研究出的革命性设计，也很快成为伯爵表的同义词。

正因伯爵一贯秉承"完美组合"的创作原则，因而每一只伯爵表都独具特色，其腕表、手镯、戒指都是独一无二的，甚至没有两只腕表的机械运动装置是一模一样的。腕表的指针也独具特色，表框的修饰亮泽、表盘的雕刻和宝石的镶嵌都尽展独特风采。

品牌风格

除了独创首屈一指的机械运转装置外，Piaget 的设计心思也是令人敬佩的。所有表壳及表镯都必定用 18k 金或白金铸造，而表面的设计更是多姿多彩，别具特色；用名贵的宝石如青金石、珊瑚石、珍珠母、虎眼石、玛瑙等雕琢而成的表面装饰，效果华丽夺目，令人叹为观止。

英文字母：PIAGET。

Piaget Polo 系列自 1979 年面世以来，一直是全球各地追求品位的人们极想拥有的藏品。20 世纪 70 年代，上流社会盛行马球运动风潮，多数有品位的贵族都参与马球运动的竞赛。因此伯爵表厂专为这种贵族运动设计了一款 Piaget Polo 腕表，此表一经推出即深受推崇与爱戴。腕表最初的创作理念具有多种特色，设计一体成型，符合手腕线条，让佩戴者有最舒适服贴的感受，并不会勾到衣物；亮面及雾面相间，使得其看起来时尚且有质感等。全新推出的 Piaget Polo 腕表保留了 20 年前无缝边一体成型的设计，兼备了 Piaget Polo 的精要，并添加时尚元素，呈现出古典与创新兼具的全新生命力。

劳力士
Rolex

品牌档案

中文名：劳力士

外文名：Rolex

创始人：汉斯·威斯多夫

创建时间：1908 年

品牌国家：瑞士

产品系列：高级腕表。

品牌故事

　　劳力士的历史似乎不长，但它的过程和成就却是辉煌耀眼的。

　　劳力士公司的前身是 W&D 公司，是德国人汗斯·威斯多夫与英国人戴维斯于 1905 年在伦敦合伙经营的一个出售钟表的公司。威斯多夫以其敏锐的目光发现手表将不可避免地成为计时产品的主流，1908 年，汗斯·威斯多夫在瑞士的拉夏德芬注册了"劳力士"商标，"W&D"由此改为"劳力士"。

　　1919 年，劳力士公司从英国迁到世界钟表中心瑞士日内瓦，展开了与众多老前辈面对面的竞争。事实证明，劳力士的皇冠征服了全世界喜爱腕表的品位人士。

　　1910 年，劳力士获得了瑞士官方颁发的第一张天文台证书。1914 年，英国的乔治天文台给予劳力士手表 A 级精密度证书。1926 年，蚝式表壳面世，成为世上第一个真正防水、防尘的钟表零件设计。1931 年，劳力士再创佳绩，设计出以永动摆陀为场心的自动上链装置。1945 年，劳力士在他们的"同志型"系列中加上了自动日历转换装置，成为世界上第一只带日历的天文台表。

　　一言以蔽之，劳力士是高贵、精确的象征。现在，劳力士手表已经不再是单纯的手表了，它已经演化为一种高档首饰，也是一种高贵生活的体现。

　　劳力士自创建以来以其独特的素质、不凡的经历久立表坛不败之地。劳力士手表的设计风格一直以"庄重、实用、不显浮华"而受到各界人士的喜爱。而准确性和耐用性使劳力士具有保值的优势。常规表款的保值能力已经很强，稀有表款更是经常出现成倍的升值情况。

品牌标识 >>>>>>

　　劳力士表最初的标识为一个伸开五指的手掌，它表示该品牌的手表完全是靠手工精雕细琢的，后来才逐渐演变为皇冠的注册商标，以示其在手表领域中的霸主地位，展现着劳力士在制表业的帝王之气。

ROLEX

经典作品 ⟩⟩⟩⟩⟩

　　1953 年，埃特蒙·希拉里爵士和丹增·诺吉曾佩戴劳力士蚝式恒动腕表成功登顶珠穆朗玛峰。为了向此项创举致敬，劳力士设计及研发了蚝式恒动探险家型腕表。1971 年，随着人类对世界探索的不断深入，劳力士推出蚝式恒动探险家型腕表Ⅱ，创造出在极地环境中依然实用且坚固可靠的特性，此次研制的腕表技术将腕表的制造工艺推向极致。劳力士推出蚝式恒动探险家型Ⅱ有精致的表面、新配备的日历、24 小时功能及 24 小时指针，这使蚝式恒动探险家型腕表Ⅱ成为专业探险家及冒险人士的新装备。

Part 7 奢华名车——纵横天下

>>> 至尊奢华，驾驭未来，人生路上的速度与激情。

劳斯莱斯
Rolls Royce

品牌档案 >>>>>

中文名：劳斯莱斯

外文名：Rolls Royce

创始人：弗雷德利克·亨利·莱斯、查尔斯·斯图瓦尔特·劳斯

创建时间：1906 年

品牌国家：英国

所属机构：BMW 集团

品牌故事 ▶▶▶▶

　　劳斯莱斯是世界顶级豪华轿车厂商，1906 年成立于英国，公司创始人为亨利·莱斯和查尔斯·劳斯。两人的出身、爱好、性格完全不同，但对汽车事业的执着和向往，使他们成为一对出色的搭档。劳斯莱斯最与众不同之处，就在于它大量使用了手工制造。在人工费相当高昂的英国，这必然会导致生产成本居高不下，这也是劳斯莱斯价格惊人的原因之一。直到今天，劳斯莱斯的发动机还完全是用手工制造。更令人称奇的是，劳斯莱斯车头散热器的格栅完全是由熟练工人用手和眼来完成的，不用任何丈量工具。一台散热器需要一个工人 1 天时间才能制造出来，然后还需要 5 个小时对它进行加工打磨。

现在，劳斯莱斯汽车的年产量只有几千辆，品牌的成功得益于它一直秉承了英国传统的造车艺术：精练、恒久、巨细无遗。因此令人难以置信的是，自 1904 年到现在，超过 60％的劳斯莱斯仍然性能良好。除了制造汽车，劳斯莱斯还涉足飞机发动机制造领域，它也是世界上最优秀的发动机制造者，著名的波音客机用的发动机就是劳斯莱斯制作的。

品牌标识 ＞＞＞＞

　　劳斯莱斯的标识图案采用两个"R"重叠在一起，象征着你中有我，我中有你，体现了两人融洽及和谐的关系。而著名的飞天女神标识则源于一个美丽的爱情故事。

经典作品 ≫≫≫

　　劳斯莱斯"幻影 LWB（元首级）"不仅具备市面上所能看到的车的一切装备，还有车顶内部有可调式星光顶饰以及隔板中央装有的 19 寸可升降电视屏幕这些原本不属于汽车的超豪华装备。幻影 LWB 在加长 1.1 米以后，车身的长度达到了 6.9 米之多，轴距则长达 3.9 米，加上 2 米的车身宽度，车内空间可以想象到是多么宽敞。当然，宽敞还不够，四个两两对坐的可调式后排独立座椅，让你无论是面对商场伙伴还是政府官员，都游刃有余。

法拉利
Ferrari

品牌档案

中文名：法拉利

外文名：Ferrari

创始人：恩佐·法拉利

创建时间：1947 年

品牌国家：意大利

所属机构：菲亚特集团

法拉利是世界上最闻名的赛车和运动跑车生产厂家。它创建于 1947 年，创始人是世界著名赛车手、划时代的汽车设计大师恩佐·法拉利。公司总部在意大利的摩德纳。

1898 年法拉利出生于意大利北部的摩德纳，他从小热爱汽车冒险。1919 年法拉利参加了他生命中的第一次汽车比赛，表现出色，随后被阿尔法·罗米欧公司吸收为阿尔法·罗米欧车队的车手。

1938 年，年近四十的法拉利离开了赛车跑道，努力实现自己设计制造超级跑车的梦想，后来组建了赛车俱乐部，最后终于创建了自己的汽车公司。

　　法拉利具有强烈的动感，艳丽的色彩，驾驶室的每一部件都完美无瑕，驾驶员操作起来得心应手。

　　1947 年，法拉利自己设计并制造的运动车荣获罗马最高奖。从此，法拉利汽车公司就不断在各国公路和大赛中刮起了强劲的红色旋风，创造了一系列"跃马传奇"。

品牌标识 >>>>>

法拉利的标识是一匹跃起的马，并在"跃马"的顶端加上意大利的国徽为"天"，再以"法拉利"横写字体串连成"地"，最后以自己故乡摩德纳市的代表颜色——黄色渲染组合成"天地之间，任我驰骋"的豪迈图腾。

经典作品 ⟫⟫⟫

  法拉利 458Italia 是一款中后置 8 缸双门跑车，在 2009 年法兰克福车展推出，标志着法拉利在其原有中后置发动机跑车的基础上实现了重大飞跃。458 指的是 4.5 升、8 缸发动机，它在重量减少 90 千克的情况下，0~100 千米 / 小时加速更快，不到 3.4 秒，而极速也达到了 325 千米 / 小时。458Italia 出自意大利著名印记汽车设计工作室，但它的整体造型却完全颠覆了过去法拉利跑车给人的既有印象，充满未来感。458Italia 的诞生不仅是法拉利的骄傲，更是所有意大利人的荣耀。

兰博基尼
Lamborghini

品牌档案 ▶▶▶▶

中文名：兰博基尼

外文名：Lamborghini

创始人：费鲁吉欧·兰博基尼

创建时间：1963 年

品牌国家：意大利

所属机构：大众集团

　　兰博基尼（Lamborghini）汽车公司是一家坐落于意大利圣亚加塔·波隆尼的跑车制造公司，公司由费鲁吉欧·兰博基尼在 1963 年创立。在意大利乃至全世界，兰博基尼都是诡异的。它神秘地诞生于世，出人意料地推出一款又一款性能不凡的高性能车，它是恶魔但并非要蹂躏这个世界，只因其风格另类。兰博基尼是举世难得的艺术品，每一个棱角、每一道线条都是如此激昂，都在默默诠释着兰博基尼那近乎原始的野性之美。

品牌标识

　　兰博基尼的标识是一头公牛，浑身充满力量，正准备冲击，寓意为意大利兰博基尼公司生产的赛车马力大、速度快、战无不胜。这头具有意大利血统的公牛所代表的豪华跑车，在欧美的名气绝不逊色于法拉利的那匹骏马。

经典作品 >>>>>

　　Gallardo 是兰博基尼推出的一款超级跑车，中国使用较多的是译名为"盖拉多"跑车。最早在 2003 年日内瓦车展上亮相，兰博基尼盖拉多已服役 10 年，从最初入门级车型盖拉多到盖拉多 LP570-4，其间推出超过 11 个以上车型。盖拉多是一款暴力的超级跑车，配备 5.0 升或 5.2 升的V10 发动机，在最早的第一代盖拉多就超过 500 马力，最高车速可达 325千米 / 小时。至 2012 年年底，盖拉多总销量已超过 13000 辆，不仅是兰博基尼历史上产量最高的车型，更是世界上最成功的高性能跑车之一。

阿斯顿·马丁
Aston Martin

品牌档案 》》》

中文名：阿斯顿·马丁

外文名：Aston Martin

创始人：莱昂内尔·马丁、罗伯特·班福德

创建时间：1913 年

品牌国家：英国

所属机构：普罗迪夫汽车公司

品牌故事 >>>>>

　　作为英国汽车中的经典品牌，阿斯顿·马丁一直是造型别致、精工细作、性能卓越的运动跑车的代名词，它在汽车市场上和车主的心中始终占有特殊的地位。该公司始建于1913年，创始人是莱昂内尔·马丁和罗伯特·班福德，公司设在英国新港市，以生产敞篷旅行车、赛车和限量生产的跑车而闻名于世。

在一百多年的品牌经营过程中，公司几经易手，总产量只有区区16000 辆车，然而时至今日，仍有近其总量四分之三的阿斯顿·马丁在使用中。1994 年，阿斯顿·马丁成为福特汽车公司的全资子公司。2007 年，福特将阿斯顿·马丁以 9.25 亿美元的价格转手出售给了普罗迪夫（Prodrive）汽车公司。

ASTON MARTIN

品牌标识 >>>>>>

　　阿斯顿·马丁汽车标识为一只展翅飞翔的大鹏，喻示该公司像大鹏一样，具有从天而降的冲刺速度和远大的志向。以生产敞篷旅行车、赛车和限量跑车而闻名于世的阿斯顿·马丁·拉宫达公司声名赫赫，不知是否得益于这只大鹏带来的运气。

　　一提到阿斯顿·马丁就会想到007詹姆斯·邦德的传奇故事。从1964年007系列《金手指》中的DB5开始，阿斯顿·马丁的多款汽车都曾是007系列影片中邦德的座驾，最近几部系列电影中更是发光发热，为邦德的出奇制胜立下了赫赫战功。阿斯顿·马丁的新款DBS可以看作是跑车DB9和赛车DBR9的合体升级版，是该品牌的第一款碳纤维制造车身车系，配置了6.0升V12发动机，最高时速可达302千米，无论是在性能上还是外观上都堪称一流，更何况它还是万人迷詹姆斯·邦德的御用座驾。

宾利
Bentley

品牌档案

中文名：宾利

外文名：Bentley

创始人：沃尔特·欧文·宾利

创建时间：1919 年

品牌国家：英国

所属机构：大众集团

品牌故事 ▶▶▶

　　沃尔特·欧文·宾利（Walter Owen Bentley）是著名的宾利轿车创始人。他从小就对机械产生了浓厚的兴趣，从学校毕业以后，宾利成为一名铁路工程师。不久，他对汽车产生了浓厚的兴趣，致力于高档运动汽车的设计开发，并成立了自己的公司。在1919年的汽车展上，推出了以他自己名字命名的宾利3.0汽车，从此宾利公司走上了专业设计高档跑车、赛车的历程。在接下来的10年中，是宾利最辉煌的时期，他几乎包揽了每一届著名的勒芒24小时耐力赛的冠军。

在第一次世界大战中，他受聘于英国皇家海军航空兵技术委员会，从事法国 Clerget 发动机的改进工作。1919 年 8 月成立宾利汽车股份有限公司。经过 21 个月的努力，车型开发成功，1921 年 9 月开始出售，在当时英国汽车市场中，是最贵的轿车之一。1931 年，宾利正式加盟劳斯莱斯汽车公司，其生产线也于 1946 年与劳斯莱斯一同迁往英国克鲁，直至今天。

1998 年 6 月，宝马公司在争购劳斯莱斯汽车公司的投标中败给了大众公司。当年 7 月 28 日，宝马公司花 4000 万英镑购买了劳斯莱斯的商标和标识，并与大众签署了一项协议，约定宝马从 2003 年起开始生产劳斯莱斯牌轿车，而大众则从 2003 年起仍旧在克鲁厂房生产宾利豪华轿车。从此宾利就正式归于大众旗下。

品牌标识 ▶▶▶

宾利轿车标识是以公司名的第一个字母 B 为主体，生出一对翅膀，似凌空翱翔的雄鹰。那个展翅腾飞的 B 字是宾利最强劲也永不妥协的标志，它呈现给世人的永远是动力、尊贵、典雅、舒适与精工细作的完美结合。

经典作品 >>>>>

　　欧陆是宾利品牌最为畅销的车型，它将超级跑车的动力与豪华车的舒适性融为一体。该车系囊括了以 GT、GT3、GTC、GTS、Speed、Flying、Super sport 为主的近百款车型，每一款都继承了宾利贵族气质的血统，做工考究、材质上乘。欧陆 GT 延续了一个世纪以来宾利个性化设计和量身定做的品牌灵魂，通过完全手工化制作把豪华及个性的品牌理念渗透到汽车的制造过程中，绝对保证独一无二。

玛莎拉蒂

Maserati

品牌档案 》》》》

中文名：玛莎拉蒂

外文名：Maserati

创始人：玛莎拉蒂家族四兄弟

创建时间：1914 年

品牌国家：意大利

所属集团：菲亚特集团

1914 年，玛莎拉蒂家族四兄弟创办了此品牌，他们在意大利的博洛尼亚开办了一家生产汽车配件的工厂，主要业务就是改造爱索特法诗尼汽车以用于道路汽车赛。玛莎拉蒂赛车曾在欧洲赛场叱咤风云，战绩卓著，在欧洲享有很高的知名度。

历史上第一辆镶有三叉戟徽标的玛莎拉蒂轿车出现在 1926 年 4 月 25 日玛莎拉蒂 Targa Florio 比赛上。创始人之一的阿尔菲力·玛莎拉蒂亲自披挂上阵，完全由玛莎拉蒂兄弟们自行设计制造的玛莎拉蒂 Tipo 26 汽车采用 1.5 升直列 8 缸发动机，最高时速可达 160 千米。

1932 年 3 月，公司的创始人之一阿尔菲力·玛莎拉蒂永远地告别了他心爱的赛车事业。1939 年，公司总部迁至意大利中北部靠近博洛尼亚的小城摩德纳。1939 年和 1940 年，一位车手驾驶着玛莎拉蒂连夺两届美国印第安纳 500 千米锦标赛冠军（玛莎拉蒂是唯一一家摘取这项桂冠的意大利汽车制造商）。

　　玛莎拉蒂在几十年的参赛历史中，取得了近 500 场彻底的胜利和无数场阶段性胜利，共取得 23 个冠军称号，32 个方程式锦标赛胜利，是唯一两次取得印地安纳波利斯 500 英里赛事胜利的意大利品牌。

　　玛莎拉蒂历史上各款车型在制造过程中所体现出的精湛技艺和思维方面的独创性均让人着迷。玛莎拉蒂代表着非凡的精致、永恒的风格和强烈的情感，最重要的是，代表着梦想成真。玛莎拉蒂汽车始终是尊贵品质与运动精神完美融合的象征。

品牌标识 >>>>>

玛莎拉蒂汽车的标识是在树叶形的底座上放置的一把三叉戟，这是公司所在地意大利博洛尼亚市的市徽，相传是罗马神话中海神纳普秋手中的武器。

　　玛莎拉蒂 Gran Turismo Convertible 敞篷跑车荣获 2011 年度 "全球最佳敞篷跑车" 第三名，本奖项由全球顶级奢侈品研究机构 "Robb Report" 发布，上榜车型都是极品中的极品。玛莎拉蒂 Gran Turismo Convertible 搭载 4.7 升 V8 发动机，在 7000 转时可输出最大马力 440 匹的功率，当转速达到 4750 转时可爆发出达到 490 牛米的最大扭矩，0~100 千米加速时间为 5.2 秒，最高车速 285 千米 / 小时。4.7 升 V8 发动机的强大动力与 ZF 六速自动变速箱的平顺性结合在一起，进一步强化了由玛莎拉蒂创造的豪华旅行跑车概念。

迈巴赫

Maybach

中文名：迈巴赫

外文名：Maybach

创始人：威廉·迈巴赫、卡尔·迈巴赫

创建时间：1921 年

品牌国家：德国

所属机构：戴姆勒–克莱斯勒集团

品牌故事 ▶▶▶▶

　　迈巴赫品牌首创于 19 世纪。威廉·迈巴赫在其子卡尔·迈巴赫的帮助下，创建了迈巴赫汽车公司。基于高超的设计和出众的性能，迈巴赫品牌在 20 世纪 30—40 年代迅速风靡欧洲及北美洲，并被公众视为财富、地位及品位的象征，是当时唯一能与劳斯莱斯抗衡的超级豪华轿车品牌。

　　然而，第二次世界大战的爆发，无情地击碎了迈巴赫父子关于"制造全世界最优秀轿车"的梦想。在那个动荡的年代，奢侈品根本无人问津，因此迈巴赫渐渐淡出了历史舞台。

　　现在，这个曾经显赫一时的超级品牌，已经在梅赛德斯–奔驰集团的强力支持下复出。不同于引领时尚的梅赛德斯–奔驰品牌，迈巴赫将作为该集团庞大产品金字塔中的最高端品牌展示在世人面前。尽管沉寂了70余年之久，复苏后的迈巴赫不但魅力丝毫未减，更增添了几分神秘色彩。

全权负责迈巴赫品牌复出的施密特先生表示："迈巴赫品牌代表着无与伦比的优秀品质，匠心独运的制作工艺，不断突破的科技水平，以及卓尔不群的尊贵气质。这个传奇品牌再现市场，势必成为超级豪华轿车领域的新典范。"

品牌标识

标识由两个交叉的 M 围绕在一个球面三角形里，新的轿车仍采用这个经典的标识。2014 年的迈巴赫 S600 改用奔驰车标。

经典作品 ▶▶▶▶

　　"迈巴赫 Landaulet"在 2007 年迪拜车展上首度亮相就被誉为"天价之作"，全球限量，仅 20 辆。Landaulet 的原义是"活顶四轮马车"，它的设计理念源自经典的迈巴赫敞篷车"迈巴赫 62s"，搭载的 5.9 升双涡轮增压 V12 发动机可以提供源源不断的高效动力。与传统的敞篷车相比，它更像是为富人准备的童话马车，无论在舒适性、动力性、安全性还是在工艺品质等方面都堪称完美典范。

　　价值 100 多万欧元超级豪华的"迈巴赫 62Welldendorff"在第 75 届日内瓦国际车展首次亮相时，即惊艳四方。为了体现个性化，车主姓名的首字母也可以加进典雅的长装饰条中。在这款车上镶嵌的珠宝、钻石等就已经达到一辆普通迈巴赫的价值，因此它当之无愧地成为世界上最昂贵的轿车。

Part 8

奢华名酒——品味人生

大地、空气、水和时间酿造的艺术品。

马爹利

Martell

品牌档案 ▶▶▶

中文名：马爹利

外文名：Martell

创始人：让·马爹利

创建时间：1715 年

品牌国家：法国

产品系列：马爹利 V.S.O.P（Very Superior Old Pale）、马爹利 Noblge、马爹利 VS（Very Special）、马爹利 EXTRA、马爹利 L'OR、马爹利 Creation、马爹利 L'Art 等。

品牌故事 ▶▶▶

马爹利是产自法国干邑地区的著名干邑白兰地品牌，也是世界上最古老、最驰名的白兰地酒。

创始人让·马爹利出生于 1694 年。起初，他在家乡给一个商人打工，7 年后转向自己感兴趣的白兰地贸易，1715 年创立了公司。

1753 年，马爹利撒手人寰，他的妻子和两个儿子继续经营当时正兴旺发达的事业。

马爹利有一种令人愉悦的口感，在激情与圆润之间取得了一种恰到好处的平衡。马爹利的酒瓶设计简练、独一无二，马爹利是权力、地位、力量与高雅的表现。

著名的马爹利标号蓝带创立于 1912 年。目前马爹利家族仍掌握着公司的主要运作，第八代帕特里克·马爹利任总经理。

马爹利现有葡萄园 700 公顷,与 300 家葡萄园主签了合同(其中很多葡萄园已合作了五代以上),97% 的葡萄由他们供给。

马爹利公司拥有当地最大和最先进的蒸馏厂,每天可蒸馏 53000 加仑的酒,满足自身需要的 30%,另外 13 个有固定合作关系的蒸馏厂供应年产量的 47%,其余向该地区地方酒厂买入。

马爹利是该地区最大的藏酒户,其贮藏量约为 1 亿瓶。年销售 2160 万瓶,占全球总销量的 17.5%,马爹利 98% 的产品会出品到其他国家。

全球干邑饮家每年对马爹利的需求有增无减,而且对酒质要求甚高。马爹利酒厂凭其厚重的传承及庞大的藏酒量,始终如一地保持着酒质的超卓。

www.wines-info.com

品牌标识 ⟫⟫⟫

马爹利的标识是燕子，是马爹利家族的家徽。

让·马爹利至尊甄选来自干邑地区极为杰出的葡萄种植区的"生命之水"：宝德区和大香槟区。两个种植区之间特别而又精妙的和谐使得让·马爹利至尊天赐般独一无二的芳香。让·马爹利至尊是马爹利家族中的极致珍酿，它是干邑酿造技术的巅峰代表。

人头马

Rémy Martin

品牌档案 ▶▶▶

中文名：人头马

外文名：Rémy Martin

创始人：雷米·马丁

创建时间：1724 年

品牌国家：法国

产品系列：人头马路易十三、人头马特级干邑、人头马 VSOP 特级香槟干邑、尊璜拿破仑干邑等。

品牌故事 ▶▶▶

　　人头马贵为特优香槟干邑专家，一直被誉为干邑品质、形象和地位的象征。它是世界四大白兰地品牌中唯一一个由干邑省本地人所创建的品牌，也是四大白兰地品牌中唯一一家自己种植葡萄的公司。

作为法国历史悠久的白兰地酿酒公司，人头马是由其创始人雷米·马丁在 1724 年一手建立起来的。这个将提供世界上最好的干邑作为自己全部信念的天才，终于实现了最终的梦想。而那个带有贵族气质的人马星座图案，则象征着公司的至高品质——最优良的土壤、传统可信的方法和精湛的酿造工艺。时至今日，雷米·马丁家族致力于保持其世代相传的酿制特优香槟干邑的传统，使得人头马干邑一直声名远扬，在国际优质干邑市场上稳占重要一席。如今，人头马更将其品质与生活完美融合。它总能在任何场合下，为每一个动人的时刻增添光彩。

RÉMY MARTIN
FINE CHAMPAGNE COGNAC

品牌标识

人头马标识：人头马的形象来自西方的一个星座，即人马星座。1870 年，人头马干邑白兰地的创造者雷米·马丁先生的后代选用人马星座作为家族酒的标识，并对原来的形象做了一些改动，把原来平着射箭的姿势改为向斜上方投掷标枪，增加了图案的动感，而"人头马"被正式注册为公司的商标是在 1874 年。

RÉMY MARTIN
FINE CHAMPAGNE COGNAC

CENTAURE
DE
DIAMANT

250

A JEWEL FROM THE HEART

　　路易十三是人头马中的极品干邑，经过二次蒸馏后的葡萄酒被法国人称为"生命之水"，而路易十三是以 1200 种"生命之水"兑成，其中最短的也要 40 年，最长的则超过 100 年。路易十三不仅是酿酒大师心血与智慧的结晶，更是对艺术的敬礼。此干邑散发出独特的香味，口中余味可维持极长时间。

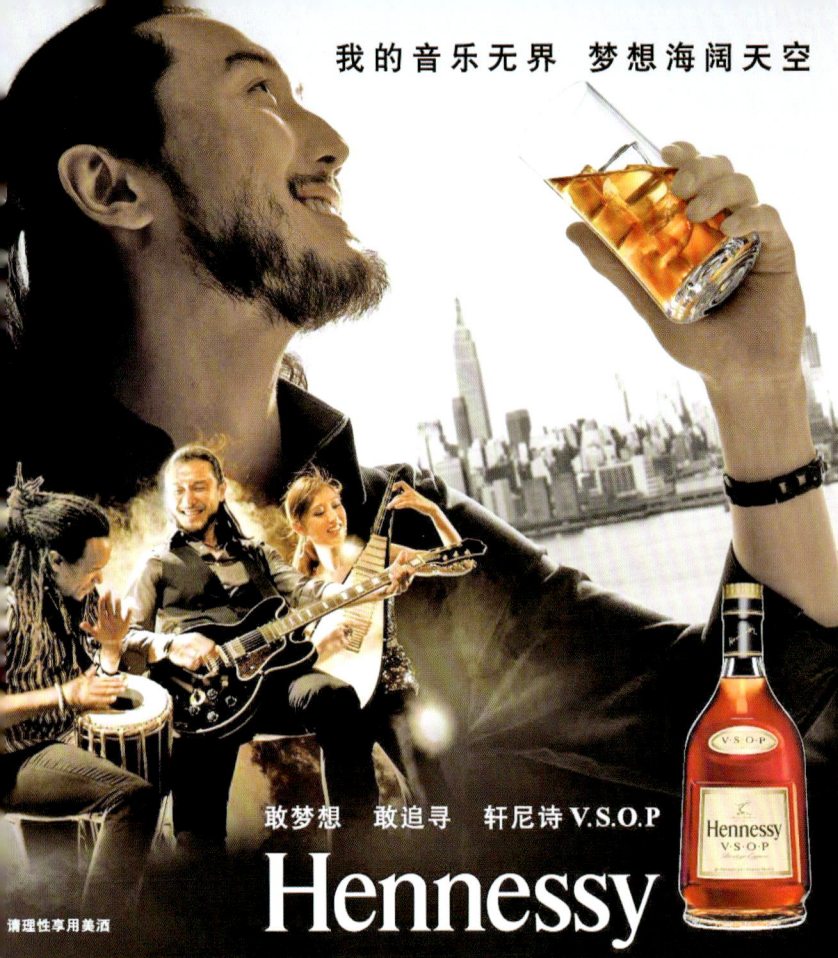

我的音乐无界 梦想海阔天空

敢梦想 敢追寻 轩尼诗 V.S.O.P

Hennessy

清理性享用美酒

轩尼诗

Hennessy

品牌档案 ▶▶▶▶

中文名：轩尼诗

外文名：Hennessy

创始人：李察·轩尼诗

创建时间：1765 年

品牌国家：法国

产品系列：轩尼诗三星、轩尼诗 V.S.O.P、轩尼诗秋维·斯配如、轩尼诗 X.O、轩尼诗艾克斯托拉等。

品牌故事 >>>>>

　　轩尼诗的名字源自其创始人李察·轩尼诗。李察·轩尼诗是爱尔兰人，出生于科克郡。1745 年到法国当兵，1750 年担任路易十三御林军的外国军官，驻扎干邑区。

　　李察·轩尼诗在当兵期间，取得"英勇证书"，这也是轩尼诗酒厂的标志。他退伍后，1757 年在干邑区开始营商，至 1765 年成立轩尼诗酒厂。成立初期，轩尼诗销量就十分可观，当时的出口地区以英国各大城市为主，轩尼诗销量一直屹立领导地位，成了白兰地酒的代名词。

　　轩尼诗李察干邑是家族的灵魂，是时间与技术的紧密结合。轩尼诗李察干邑象征着过去的丰盈与美好的未来的永恒联系，是对前人的崇高致敬，也是后人的灵感源泉。颜·费尔沃是酒窖总艺师世家的继承人，他的家族七代以来孜孜不倦地追求统一理想，在永无休止的创造中保留了珍贵的遗产，用一贯的激情和不断的创造力使其丰富起来，让我们从中略见轩尼诗精神的精髓。轩尼诗李察干邑体现着轩尼诗家族的现代性、真实性、豪华和感性的特质。

轩尼诗的标识是拿斧头的手臂，是轩尼诗家族的家徽。

经典作品 >>>>>

世界第一瓶 X.O 是 1870 年由轩尼诗家族酿制，由世代相传的顶级调配师精心配制超过百种来自干邑地区四大顶级葡萄产区 "生命之水" 而成，以此奠定 X.O 干邑的标准，轩尼诗 X.O 被尊为 X.O 之源、X.O 之本。1947 年，佐夫侯爵匠心独运设计出经典白玉尼葡萄叶酒樽，为轩尼诗经典干邑与独家设计酒樽写下跨世纪传奇。每年，轩尼诗会邀请名人雅士为世代传承的轩尼诗原创 X.O 经典瓶身设计全新造型。2013 年最新发表的第六代珍藏版，是专门为轩尼诗 X.O 卓越品质及创新精神量身定做的最高赞礼。

LIVE WITH CHIVALRY
芝华士 活出骑士风范

CHIVAS

芝华士

Chivas

品牌档案 ▶▶▶

中文名：芝华士

外文名：Chivas

创始人：詹姆斯·芝华士、约翰·芝华士

创建时间：1801 年

品牌国家：苏格兰

产品系列：芝华士 12 年、芝华士 18 年、芝华士 25 年等。

品牌故事 ➤➤➤

　　1801 年成立于苏格兰阿柏丁的芝华士公司，是全世界最早生产调和威士忌并将其推向市场的威士忌生产商，同时也是威士忌三重调和的创造者。创始人是詹姆斯·芝华士和约翰·芝华士兄弟。

　　1842 年秋天，维多利亚女王访问苏格兰时，偶然饮用到了从芝华士那里采购的饮料，对芝华士兄弟的产品和服务很满意，并于 1843 年 8 月 2 日委任詹姆斯·芝华士为永久的"皇家供应商"。1890 年，享誉全球的芝华士 12 年威士忌诞生。1923 年，皇室特许芝华士兄弟为国王乔治五世的苏格兰威士忌供应商，芝华士顶级佳酿的显赫地位再一次被证明。为庆祝英国女皇伊丽莎白登基，芝华士兄弟精心酿造了极品苏格兰威士忌——皇家礼炮 ROYAL　SALUTE 21 年，立即受到广泛而热烈的赞赏。

　　如今，拥有纯正苏格兰血统的芝华士 12 年更是享誉世界，畅销 200 多个国家和地区。无论你身处何地，都能发现在与朋友相聚的美好时光中芝华士的独特地位。因为芝华士所代表的，正是追求丰富生活、把握美好时光、乐与朋友分享的人生态度。

LIVE WITH CHIVALRY
芝华士 活出骑士风范

CHIVAS

品牌标识

芝华士现在的标识是由英国最具创新的平面设计师乔纳森·巴恩布鲁克（Jonathan Barnbrook）结合象征传统苏格兰爱情的 Luckenbooth 胸针图案（以 16 世纪著名珠宝商 Luckenbooth 命名的胸针，一般由银制成，其外形结构为王冠和交织的两颗桃心组成）和 Strathisla 酿酒厂徽记元素创建的图形。

CHIVAS
LIVE WITH CHIVALRY
芝华士 活出骑士风范

经典作品 》》》

　　芝华士 12 年苏格兰威士忌是由三种天然原料——谷物、水和酵母经过最少 12 年醇化调配而成的，绝对配得上精品的称号。它口感独特，略带烟熏味和大麦的香甜，醇和香气悠远绵长，被誉为调和型威士忌的先锋，而芝华士也作为经典苏格兰威士忌的代名词，声名远扬。

芝华士18年苏格兰威士忌融合了超过20种苏格兰最珍贵的纯麦芽威士忌，是芝华士奉献给世人的又一款经典佳酿。其具有多层次的干果芳香，糅合香料和奶油太妃糖的自然味道，口感饱满丰润，丝般柔滑，宛如天鹅绒般细腻。

　　芝华士 25 年是一款特别调和且限量生产的极致苏格兰威士忌，每瓶瓶身都拥有唯一编号。由荣膺无数殊荣的芝华士首席调酒师精心调和，并且每一桶上等威士忌都经由其亲手挑选和甄别。芝华士 25 年散发着各种香味，流畅而又平衡。前味是甜橙和蜜桃的诱人香气，随之而来的是杏仁蛋白软糖和坚果的香味，同时更可以感受到浓浓的香橙巧克力与乳脂软糖交织的味道——顺滑，圆润，回味悠长。

尊尼获加

Johnnie Walker

品牌档案

中文名：尊尼获加

外文名：Johnnie Walker

创始人：约翰·沃尔克

创建时间：1820 年

品牌国家：苏格兰

产品系列：尊爵（Premier）、黑牌（Black Label）、红牌、（Red Label）、金牌（Gold Label）、蓝牌（Blue Label）、绿牌（Green Label）等系列。

品牌故事 ▷▷▷▷

    1819 年，约翰·沃尔克（John Walker）的父亲去世。1820 年，年仅 14 岁的约翰·沃尔克开始在自家的食品杂货店里劳动，并在店里学习调配威士忌酒。他将调制混合茶叶的经验运用到威士忌的调配中，开始了调配威士忌的尝试。不久以后，由他调配的威士忌在苏格兰西部便已相当著名。这种威士忌有着深邃而精致的口味，很受欢迎，并为成就一个世界性的酒业王朝奠定了基础。

JOHNNIE WALKER

从诞生之初，尊尼获加就一直力求保证纯正的血统，孜孜不倦地钻研威士忌的调配工艺，以调制出举世无双的威士忌，即使在原料短缺的战争时期，也没有在品质上做任何让步。1920 年，尊尼获加就已向全球 120 个国家出口，在可口可乐走出亚特兰大之前便已成为第一个真正的世界性品牌。1933 年，由于提供给伊丽莎白女王，尊尼获加被授予"皇家武士"的称号。1966 年，联合酿酒集团在全球最权威的国际洋酒大赛中被选为全球最佳酿酒集团，其品牌——尊尼获加成为世界著名品牌。直到今天，在全世界最有名望的烈酒排名中，尊尼获加每年都能位列前三。

品牌标识 >>>>>

Johnnie Walker 尊尼获加的商标本来是一个走路中的英国绅士，但到 21 世纪初期，为使商品更国际化，便把原来清晰的尊尼获加原商标人像变成一个抽象形体，去除了原来商标人物的种族特色。

经典作品 ▶▶▶▶

　　尊尼获加蓝牌威士忌是尊尼获加系列的顶级醇酿，精挑细选自苏格兰多处地方最陈年的威士忌调配而成，其中包含了年份高达 60 年的威士忌。酒质独特，醇厚芳香，给人一种新鲜和成熟的双重感受。醇美的气味回旋在鼻间，几乎没有任何刺激性气味。入口如天鹅绒般丝滑的感受，带有榛子、蜂蜜、玫瑰花、雪梨和橘子的味道，为威士忌鉴赏家之选。

罗曼尼·康帝

Romanee-Conti

品牌档案 ▶▶▶

中文名：罗曼尼·康帝

外文名：La RomaneeConti

创始人：维吉家族

创建时间：约 12 世纪

品牌国家：法国

产品系列：干红葡萄酒。

品牌故事 ⟫⟫⟫

罗曼尼·康帝酒庄（Domaine de la RomaneeConti，简称 DRC）的历史可以追溯到 12 世纪，当时归维吉家族所有，最初只是一个没有名字的葡萄园，但其在葡萄种植和酿酒方面已享有一定声誉。1232 年，维吉家族的艾利克丝德·维吉女公爵将所属的一块领地捐赠给附近的圣维旺·德·维吉修道院，其中就包括了这个葡萄园。此后 400 年间，这个葡萄园一直为天主教的产业，1631 年归克伦堡家族所有后，被命名为罗曼尼酒庄。

1760 年，因为家族债务问题，克伦堡家族决定将罗曼尼酒庄出售，最终康帝亲王获得了这个酒庄，并钦命其流传至今的名号——罗曼尼·康帝，而该酒庄至高无上的地位也由此开始确立。

1789 年法国大革命到来后，由于康帝家族被逐，罗曼尼·康帝酒庄也被强制充公，之后又被多次转手。1869 年，葡萄酒领域的翘楚人物雅克·玛利·迪沃·布洛谢以 26 万法郎的高价购得罗曼尼·康帝。1942 年 7 月，雷洛家族购进其一半产权，由两个家族共同经营。

　　如今的罗曼尼·康帝已成为世界上最负盛名的葡萄酒制造者。近乎苛刻的工艺、承载的深远历史和稀少的产量造就了罗曼尼·康帝在葡萄酒界中的至高地位，同时也造就了其高昂的价格。帕克曾经说过："罗曼尼·康帝是百万富翁喝的酒，但只有亿万富翁才喝得到。"因为罗曼尼·康帝的年产量在最好的年份也只有 6000 瓶左右，往往百万富翁还没有来得及出手，它们早已是亿万富翁名下的"期酒"了。

品牌标识

罗曼尼·康帝葡萄庄园图案
竖立在康帝酒庄石墙外的著名十
字架标识，朴素却庄严。

经典作品 ▸▸▸▸▸

　　勃艮第是最经典的黑皮诺产区。虽然这里入门级的红葡萄酒会带有尖酸的樱桃味和泥土味，但金丘产区出产的葡萄酒品质很高。该产区的黑皮诺葡萄酒具有很强的陈年潜力（15~20年），陈年中还会发展出复杂的水果和森林地面风味。由于产量稀少，这些酒的价格也很高，而世界上最昂贵的黑皮诺葡萄酒——罗曼尼·康帝就来自这里。

酩悦香槟
Moet & Chandon

品牌档案 ▶▶▶

中文名：酩悦香槟

外文名：Moet&Chandon

创始人：克洛德·莫埃

创建时间：1743 年

品牌国家：法国

产品系列：法国酩悦香槟、法国酩悦年份香槟、法国酩悦粉红香槟等。

品牌故事 >>>>>

众所周知，LVMH集团是世界顶级奢侈品集团，这一名称中的"LV"指的是世界著名奢侈品品牌路易·威登，"H"指的是白兰地酒中的名厂轩尼诗，"M"则代表酩悦。据说，在地球上平均每两秒钟就有一瓶酩悦香槟被打开。

　　酩悦香槟与法国的莫埃家族息息相关。1446年，让·莫埃和尼古拉·莫埃兄弟被法国国王封为贵族。到18世纪初，他们的后人克洛德·莫埃开始在法国香槟区从事葡萄贸易。1668年，唐培里侬修士发明香槟酒之后，克洛德即着手试酿生产，并在1743年创办了自己的酒厂。克洛德的孙子让·雷米·莫埃与拿破仑私交甚好，在他的努力下，莫埃家族出产的香槟获得了拿破仑的喜爱，并赢得"皇室香槟"的美誉，从此闻名于世。

让·雷米·莫埃晚年时，将酒厂交给儿子维克托与女婿皮埃尔·加布里埃尔·昌东共同经营，并于 1832 年以两人姓氏的合写正式将其出产的葡萄酒定名为酩悦（MOĒT&CHANDON），并沿用至今。

从路易十五的皇家庭院到伊丽莎白二世的加冕典礼，从盛大的歌舞剧首演到演绎顶级时尚的国际时装周，从 1899 年的世界博览会到 2006 年庆祝自由女神像诞生 120 年，酩悦香槟点亮了一个又一个辉煌的历史时刻，与无数王室成员、超级明星和社会名流结下了不解之缘。直到今天，它依然是尊贵与典雅场合的首选香槟。

品牌标识 >>>>>

酩悦香槟最明显的标识就是皇冠图案。

FONDÉ EN 1743

MOËT & CHANDON
CHAMPAGNE
★

经典作品 ≫≫≫

　　精致愉悦、欢颂爱意一直是酩悦粉红香槟的代名词，它独特的口感和与众不同的芳香一直令世人为之沉醉。两个世纪以来，无论在浪漫唯美的婚礼上，还是在幸福甜蜜的欢聚时刻，酩悦粉红香槟都带给世人无限的法式罗曼蒂克与喜悦，完美诠释最为美妙不凡的动人情怀。

《奢侈品》
（修订典藏版）
编委会

● 总 策 划

王丙杰　贾振明

● 编 委 会（排序不分先后）

玮　珏　苏　易　陆晓芸

肖　斌　姜　宁　孟俊炜

白　羽　白若雯　鲁小闲

● 版式设计

文贤阁

● 图片提供

史明新　高建新　李　伟

《东方人物图片库》

http://www.huitu.com

http://www.nipic.com